KUAIDIYE ANQUAN SHENGCHAN CAOZUO
JICHU JIAOCHENG

快递业安全生产操作基础教程

主　编　施　伟　芦　戟
副主编　王　昱　葛　兵
编写成员　张巍川　赵艳玲

南京市邮政业安全发展中心

·南京·

图书在版编目(CIP)数据

快递业安全生产操作基础教程 / 施伟,芦戟主编.
-- 南京：河海大学出版社,2020.12(2024.8重印)
ISBN 978-7-5630-6697-1

Ⅰ.①快… Ⅱ.①施… ②芦… Ⅲ.①快递—安全生产—技术培训—教材 Ⅳ.①F618.1

中国版本图书馆 CIP 数据核字(2020)第 263821 号

书　　名	快递业安全生产操作基础教程
书　　号	ISBN 978-7-5630-6697-1
责任编辑	杜文渊
特约校对	李　浪　杜彩平
封面设计	邮安中心　徐娟娟
出版发行	河海大学出版社
地　　址	南京市西康路1号(邮编:210098)
电　　话	(025)83737852(总编室)　(025)83722833(营销部)
经　　销	江苏省新华发行集团有限公司
印　　刷	广东虎彩云印刷有限公司
开　　本	718毫米×1000毫米　1/16
印　　张	8.75
字　　数	200千字
版　　次	2020年12月第1版
印　　次	2024年8月第3次印刷
定　　价	48.00元

引　言

我国快递业的迅猛发展,对快递业从业人员安全生产意识,规范安全生产操作标准化和技能化提出了更高要求,南京市邮政业安全发展中心组织骨干人员编写了《快递业安全生产操作基础教程》。

本教材主要分为四篇:行业通识篇、法律法规篇、行业管理篇和员工培训篇,涵盖了快递业的基本状况,部门及地方规章、规范及标准,经营许可管理、场地管理、协议客户管理、快递业安全生产管理、应急管理、安全生产信用管理以及员工的作业管理和教育培训等内容,通过文字、图表、图例、流程、条目、案例等方式,进行了深入浅出的阐述和详尽细致的解析。对快递业企业相关负责人严格落实企业安全生产主体责任,强化安全管理人员和一线员工安全生产意识,熟练掌握关键设施设备使用、岗位风险预防、应急处置等知识,分别提出了具体要求。

本教材编写过程中,紧紧围绕快递企业"三项制度"落实、协议客户管理等行业安全重点、难点问题进行现场调研。本教材是快递业从业人员、特别是新上岗人员的必读书目,也是快递业管理人员预防风险的指导手册,对提高快递行业生产经营能力和安全生产水平将起到积极的作用。

目 录

第一篇 行业通识

第一章 快递业安全管理现状及发展趋势 ……………………………… 2
第一节 快递业安全管理的含义 …………………………………… 2
第二节 行业现状及发展 …………………………………………… 2

第二章 快递服务 ………………………………………………………… 7
第一节 快递服务特点 ……………………………………………… 7
第二节 快递服务的作用 …………………………………………… 7
第三节 快递服务的分类 …………………………………………… 8
第四节 快递服务环节与要求 ……………………………………… 8

第三章 快递业务网络 …………………………………………………… 12
第一节 快递业务网络的定义 ……………………………………… 12
第二节 快递业务网络 ……………………………………………… 12

第二篇 法律法规

第一章 快递业法律法规体系概述 ……………………………………… 16
第一节 法规综述 …………………………………………………… 16
第二节 重点法律介绍 ……………………………………………… 19

第二章 部门及地方规章、规范及标准 ………………………………… 28
第一节 部门规章及规范性文件介绍 ……………………………… 28
第二节 地方性法规 ………………………………………………… 33
第三节 标准规范介绍 ……………………………………………… 35

第四节 规范性文件 ································ 38

第三篇 行业管理

第一章 快递业务经营许可管理 ································ 48
    第一节 快递业务经营许可 ································ 49
    第二节 分支机构 ································ 60
    第三节 末端网点 ································ 62

第二章 快递业场地管理 ································ 65
    第一节 技术要求 ································ 65
    第二节 设施设备要求 ································ 75

第三章 协议客户管理 ································ 79
    第一节 概念与原则 ································ 79
    第二节 协议客户安全管理要求 ································ 79

第四章 快递业安全生产管理 ································ 82
    第一节 政策要求与意义 ································ 82
    第二节 安全生产标准化体系 ································ 83

第五章 快递业应急管理 ································ 89
    第一节 突发事件概念及分类 ································ 89
    第二节 应急预案 ································ 91
    第三节 应急物资的配备 ································ 97
    第四节 事故应急响应 ································ 98

第六章 安全生产信用管理 ································ 101
    第一节 企业信用信息 ································ 101
    第二节 信用评定 ································ 103
    第三节 失信惩罚与信用修复 ································ 105

第七章 常见风险点管理 ································ 107

第四篇　员工培训

第一章　作业管理 …………………………………………… 112
　　第一节　管理要求 ……………………………………… 112
　　第二节　作业管理 ……………………………………… 114
第二章　教育培训 …………………………………………… 119
第三章　微剂量 X 射线安全检查设备安全操作规程 ……… 122

附　录

附录一　禁止寄递物品指导目录 …………………………… 126
附录二　事故案例 …………………………………………… 129
　　案例 1:8.14 某快递包裹爆炸事件 …………………… 129
　　案例 2:邮包爆炸案 …………………………………… 130
　　案例 3:快递包裹漏毒案 ……………………………… 130
　　案例 4:夺命快递事件 ………………………………… 131

第一篇
行业通识

第一章　快递业安全管理现状及发展趋势

第一节　快递业安全管理的含义

安全生产是指企业在生产经营活动中,通过采取相应的事故预防和控制措施,避免造成人员伤害和财产损失的事故发生,以保证从业人员的人身安全和生产经营活动的顺利进行。

安全管理是管理科学的一个重要分支,是为实现安全生产目标而进行的有关决策、计划、组织和控制等方面的活动,主要运用现代安全管理原理、方法和手段,分析和研究各种不安全因素,从技术上、组织上和管理上采取有力的措施,解决和消除各种不安全因素,防止事故的发生。

快递业安全管理是对快递业务经营生产体系中人、物、环境的状态的管理和控制,是一种动态的、综合性的管理。

第二节　行业现状及发展

2.1　快递业概述

快递业是我国的一个新兴行业,随着电子商务发展及信息科技不断进步,快递业飞速发展。伴随着快递业的发展,行业格局发生了较大的变化。由前期的中国邮政的快递服务,发展到现在国有企业、民营企业、外资企业三足鼎立的局面。伴随着电商产业的迅速发展,消费者的需求急剧增加,大量的民营快递企业例如顺丰速运、中通快递、申通快递、圆通快递、韵达快递、德邦快递、百世快递、苏宁物流和京东物流等,不断发展壮大,大型民营快递企业先在局部市场站稳脚跟,然后逐步向全国扩张。此外,以 FedEx、UPS、DHL 为代表的外资快递企业进军中国市场,它们凭借丰富的经验、雄厚的资金以及发达的全球网络,迅速开拓市场。民营、外资企业的出现给我国的快递业带来了市场竞争的压力,加快了我国快递行业的发展。

国有、民营和外资快递企业各具优势。国有快递企业凭借其国内网络及品牌等优势,把握着国内异地业务的主动权。民营快递企业凭借相对低廉的成本和灵活、方便的服务,在同城和异地业务占有一定优势,市场份额显著扩大。外资企业依靠其遍布全球的运递网络、雄厚的资金与技术实力,良好的管理与服务,在国际快递业务上优势明显。

2.2 快递业现状

随着邮政业政商环境持续优化、基础先导作用充分发挥,邮政业规模不断壮大,邮政业业务收入从 1978 年的 5.1 亿元增加到 2020 年的 11 037.8 亿元,增长了约 2 164 倍,占全球邮政业比重的 1/6。图 1-1 是我国 2010—2020 年邮政行业业务(不包括邮政储蓄银行直接营业收入)的收入情况。2020 年 1—12 月,邮政行业业务收入(不包括邮政储蓄银行直接营业收入)累计完成 11 037.8 亿元,同比增长 14.5%,证实了我国邮政业发展飞速。

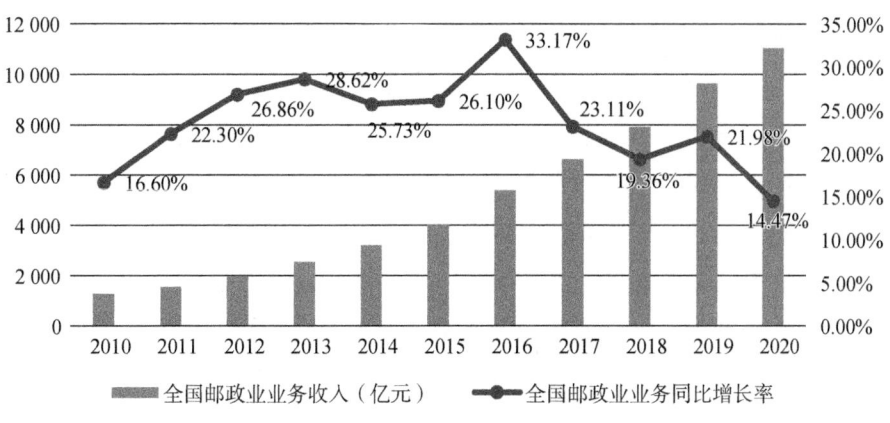

图 1-1　全国 2010—2020 年邮政业业务收入

邮政业包含邮政企业和快递企业,其中邮政企业和快递企业提供的快递服务业务统称为快递业务。近年来,快递业务快速增长,图1-2是我国2010—2020年快递服务企业业务量的情况;2020年1—12月,全国快递服务企业业务量累计完成833.6亿件,同比增长31.2%;业务总量累计完成21 053.2亿元,同比增长29.7%。

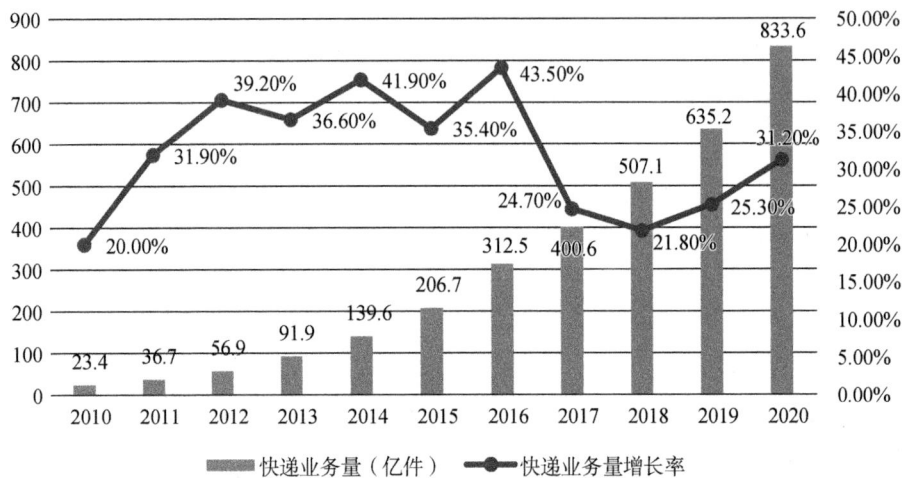

图1-2　全国2010—2020年快递业务发展情况

截至2020年12月,31省区市快递业务量累计排名第一的为广东省,快递量达220.82亿件,同比增长31.4%,随后排名依次为浙江、江苏、山东、河北、福建、上海、河南、北京、安徽。

截至2020年12月,全国快递业务量排名第一的城市为金华(义乌)市,快递量达90.11亿件,随后排名依次为广州市、深圳市、上海市、杭州市、北京市、揭阳市、东莞市、苏州市、泉州市。快递业务量前15名城市情况如图1-3所示。

截至2020年底,快递业务收入排名前十五位的城市依次是上海、广州、深圳、杭州、北京、金华(义乌)、东莞、苏州、成都、揭阳、佛山、天津、泉州、宁波、武汉市。快递业务收入前15名城市情况如图1-4所示。

2020年同城、异地、国际等快递业务量分别占全部快递业务量的14.6%、83.2%和2.2%;业务收入分别占全部快递收入的8.7%、51.5%和12.2%。与去年同期相比,同城快递业务量的比重下降2.8个百分点,异地快递业务量的比重上升2.8个百分点,国际等业务量的比重基本持平。

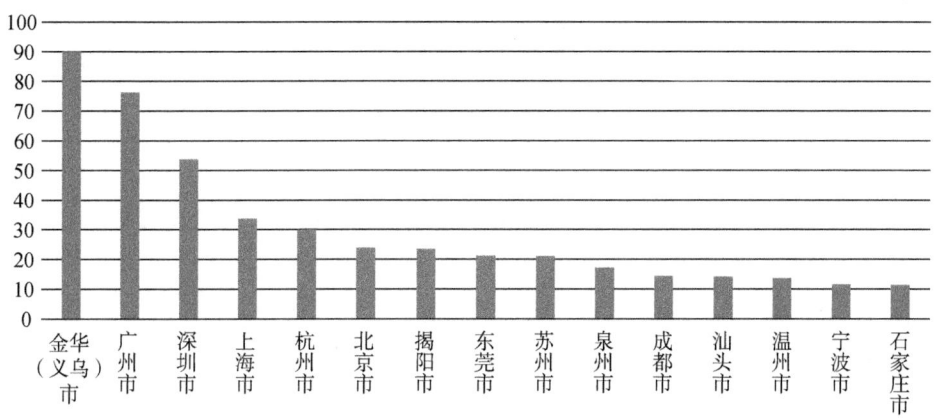

图 1-3　快递业务量前 15 名城市情况

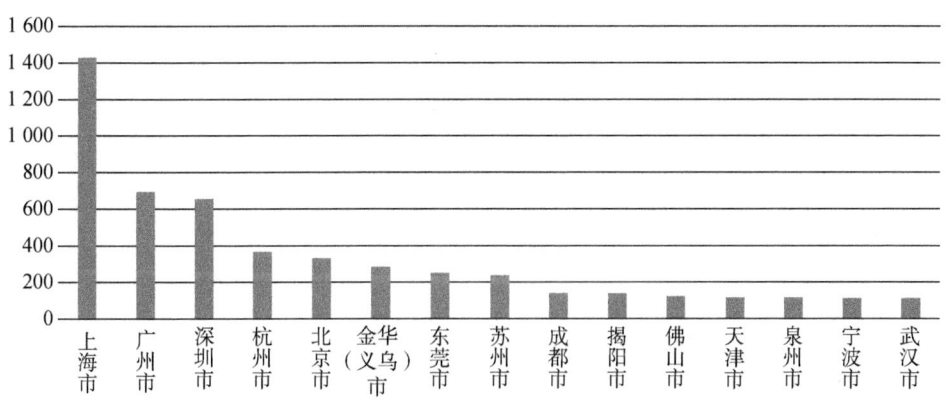

图 1-4　快递业务收入前 15 名城市情况

另外,2020 年东、中、西部地区快递业务量比重分别为 79.4%、13.3% 和 7.3%,业务收入比重分别为 79.6%、11.9% 和 8.5%。与去年同期相比,东部地区快递业务量比重下降 0.3 个百分点,快递业务收入比重下降 0.6 个百分点;中部地区快递业务量比重上升 0.4 个百分点,快递业务收入比重上升 0.6 个百分点;西部地区快递业务量比重下降 0.1 个百分点,快递业务收入比重基本持平。

2.3　快递业发展趋势

2020 年 10 月五中全会深入分析了我国发展环境面临的深刻复杂变化,对"十四五"总体发展规划作出重大战略部署,主要体现在三个"新"上,即新发展阶段、新发展理念、新发展格局。未来在宏观经济新常态的影响下,快递业发展速度可能出现变化,但市场空间依然巨大,未来新技术与新商业模式将成为影响行业发展的重要因素,具体来说,快递业的发展趋势主要有以下三点:

(一)实现产业融合

随着电商的飞速发展,快递业也迎来高速发展时期。如今,快递与电商的发展可谓唇齿相依。一方面电商流产生物流,快递对电商的依赖有增无减;另一方面,物流是电商的重要组成部分,电子商务的快速发展同样依赖物流体系的高效性。

在商流、物流相互渗透的基础上,资金流、信息流的作用也必不可少,电商平台和大型快递企业都不约而同地向互联网金融、供应链金融等方面拓展,以全方位提升竞争力。预计未来几年,快递与电商的融合会更紧密,并会进一步向金融、信息服务等上下游产业延伸,企业也将通过打造商流、资金流、信息流、物流,实现产业融合,形成更高门槛和更强竞争力,向用户提供更优质的服务。

(二)创新模式发展

如今快递业已分化出不同定位的服务。传统定义中以商务类扁平件为主的高端快递业务,已基本被拥有自主航空资源的EMS和顺丰垄断,这部分市场体量占比偏低,且未来也将呈现稳定或下降的趋势。近几年,快递业出现了更为细分的高端市场,如生鲜产品"产地直采+飞机干线运输+全程冷链"或"冷链分仓+落地配送"的运作模式以及"即收即送"的同城即配模式等。新兴模式的市场空间很大、利润高,但门槛也很高,目前国内能够独立进行规模运作的企业极少。

(三)打造核心竞争力

近年来,在我国政府"向外、向西、向下"发展的鼓励下,快递企业纷纷扩充服务范围,完善中西部及农村地区网络,国内网络基本全覆盖,在美国、日本等国家建立营业网点,跨境电商主流国家开通了专机或专线。中国邮政(简称"中邮")加大农村末端和跨境业务布局;中邮海外仓推出了全球海外仓储与配送一体化服务,已拓展至美、英、德、日、韩、澳等多个国家。

随着市场竞争加剧、人力成本提高,快递企业为了巩固自身竞争力,更加注重追求更高的客户体验。全方位能力建设成为发展重点:加大对信息系统、自动化分拣设备等应用技术的投入;快速布局末端智能快件箱和社会化自提点;开发机器人自助客服系统;无人机派送等。未来几年快递企业将继续通过多维度的能力建设来全面提升竞争力。

第二章　快递服务

寄递,是指将信件、包裹、印刷品等物品按照封装上的名址递送给特定个人或者单位的活动,包括收寄、处理、运输、投递等环节。快递,是指在承诺的时限内快速完成的寄递活动。在承诺的时限内快速完成的寄递服务为快递服务。

第一节　快递服务特点

根据快递服务的定义,快递服务具有以下特点:
(1)快递服务的本质反映在一个"快"字上,快速是快递服务的灵魂;
(2)快递服务是"门到门""桌到桌"的便捷服务;
(3)快递服务需要具有完善、高效的服务网络和合理的覆盖网点;
(4)快递服务能够提供业务全程监控和实时查询;
(5)快递服务要求快件须单独封装,具有名址、重量和尺寸限制,并实行差别定价和付费结算方式。

第二节　快递服务的作用

快递服务具有促进经济和社会发展的双重作用,具体表现如下:
(一)经济作用
(1)从宏观经济发展看,快递服务具有加快流通、方便消费、推动经济结构调整和经济增长方式转变等方面的重要经济作用,能提高整个经济运行速度、质量、效益。例如,在推动电子商务等新型商务流通模式的发展中,快递服务起到了关键作用。因此,快递服务也被称为国民经济发展的"输血管"和"加速器"。

(2) 从区域经济发展看,快递服务加速了地区间经济的联系和沟通,是促进地区经济共同协调发展的纽带和桥梁。

(3) 从外贸等经济领域看,快递服务已成为国际贸易和高技术产业供应链的组成部分,在国际范围内提高了供应链的运行效率和运行质量,解决了生产企业远离主销市场的空间劣势问题。

(二)社会作用

快递服务的社会作用大致有以下几个方面:

(1) 快递服务是劳动密集型的服务行业,具有创造大量就业岗位和吸纳更多人就业的作用;

(2) 快递服务具有促进文化、教育、科技等知识和信息传播的作用;

(3) 快递服务具有促进农村和城镇一体化建设的作用;

(4) 快递服务具有抵抗各种自然灾害或人为灾害,快捷提供救援物资和促使灾区尽快恢复正常生产生活秩序的保障作用;

(5) 快递服务具有满足社会特殊群体提供上门运送服务的作用。

第三节　快递服务的分类

快递服务按寄达范围划分,可分为国内快递、国际快递两大业务种类;按照所有制形式分,可分为国有、民营、外资三大主体;按照运输方式划分,可分为航空、陆路、铁路三大方式。

第四节　快递服务环节与要求

4.1　快递服务环节

快递服务是在承诺的时限内快速完成的寄递服务,具有服务范围广泛,服务内容复杂,服务要求严格的特点。

快递服务总体上要遵循系统优化、质控严格、信息完备与协调、作业安全的原则,为客户提供巩固、增强、提升、畅通的快递服务。

快递服务主要包括快件收寄、快件处理、快件运输和快件投递四大环节,具体流程如图 1-5。

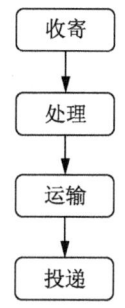

图 1-5 快递服务的具体流程

快递服务四大环节中,不仅每个环节存在大量的组织作业运转工作,而且各个环节之间需要密切配合、有效组织,从而保证快件传递的动态过程科学、高效。快递服务环节为:

(1) 收寄

收寄,是快递流程的首要环节,是指快递企业在获得订单后由快递业务员上门服务,完成从客户处取快件和收寄信息的过程。快件收寄分为上门揽收和网点收寄两种形式,其任务主要包括:验视快件、指导客户填写运单、包装快件、查验身份、计费称重、快件运回、交件交单等项工作。

(2) 处理

处理,包括快件分拣、封发两个主要环节,是快件流程中贯通上下环节的枢纽,在整个快件传递过程中发挥着十分重要的作用。这个环节主要是按客户运单填写的地址和收寄信息,将不同流向的快件进行整理、集中,再分拣并封成总包发往目的地。快件的分拣、封发是将快件由分散到集中、再由集中到分散的处理过程,不仅包括组织快件的集中和分散,还涉及控制快件质量、设计快件传递频次、明确快件运输线路和经转关系等工作内容。

(3) 运输

运输,是指在统一组织、调度和指挥下,按照运输计划,综合利用各种运输工具,将快件迅速、有效地运达目的地的过程。快件运输主要包括航空运输、陆路运输和水路运输三大方式。三种运输方式各具特点,经营方式、运输能力和速度也各不相同。快递企业可根据快件的时效与批量等实际要求,选择合适的运输方式来保证快速、准确地将快件送达客户。随着市场经济的飞速发展,航空运输在快件运输中日趋普遍,地位日益提高。

(4) 投递

投递,是指业务员按运单信息上门将快件递交收件人并获得签收信息的过程。快件投递是快递服务的最后一个环节,具体工作包括:进行快件交接、选择派送路线、核实用户身份、确认付款方式、提醒客户签收、整理信息和交款等各项工作。快件投递工作不仅是直接保证快件快速、准确、安全地送达客户的最后一环,也是同客户建立与维护良好关系的一个重要机会。

4.2 快递服务的基本要求

为了保证快件以最快的速度和安全、准确、优质的传递质量,以尽可能少的成本和尽可能便捷的方式从快件寄件人送达收件人,快递服务的基本要求如图1-6所示,快递服务整个流程必须遵循以下基本要求:

图 1-6 快递服务的基本要求

(1) 有序流畅

快递流程有序流畅包含三个方面内容:一是工作环节设置合理,尽量不出现重复、交叉的工作环节;二是每一工作环节内运行有条不紊,操作技能和方法运用合理,尽量减少每个岗位占用的时间;三是各工作环节之间衔接有序,运行平稳;上下环节之间应相互配合,保证节奏流畅。

(2) 优质高效

优质高效是整个快递服务的生命线。优质,一方面是指最大限度地满足各类客户的需求,提供多层次的服务产品;另一方面是指本着对客户负责的精神,保证每个工作环节的质量,为客户提供优良的服务。高效,是指整个快递流程必须突出"快"的特点,这就要求在网络设计、网点布局、流程管理方面应该合理有效,在工具设备和运输方式的选择方面能够满足信息和快件快速传递的要求。同时,为保证流程的优质高效,还应合理配置人员,加强员工培训,提高员工素质。这里,优质是保障,高效是灵魂。没有优质,高效就没有基础;没有高效,优质就会失去意义。

(3) 成本节约

控制和节约成本应贯穿于整个快递业务流程。应该尽量减少和压缩不必要的快件中转环节,降低运输消耗,合理配置工具和设备,节约使用物料,充分利用一切可重复使用的资源,以降低企业快递成本,节约社会资源。

(4) 安全便捷

安全是快递服务始终遵循的基本原则之一。在整个快递流程中,必须最大限度地降低可能会引发快件不安全的一切风险,保证快件在收寄、包装、运输、派送等过程中免受损坏和丢失;确保信息及时录入、准确传输,不发生丢失和毁灭等。

同时,要体现方便客户的人性化服务,在服务场所设置:营业时间安排、上门收寄和投递服务等方面,都应体现出便捷的服务特点,以满足客户的需求。

第三章　快递业务网络

第一节　快递业务网络的定义

快递业务网络是指快件收寄、分拣、封发、运输、投递、查询等所依托的实体网络和信息网络的总称。

第二节　快递业务网络

2.1　快件传递网络的构成

(1) 呼叫中心

呼叫中心,亦称为"客户服务中心",是快递企业普遍使用的,旨在提高工作效率的应用系统。它主要通过电话、网络系统负责受理客户委托、帮助客户查询快件信息、回答客户有关询问、受理客户投诉等业务工作。

(2) 收派处理点或营业网点

收派处理点或营业网点是快递企业收寄和投递快件的基层站点,其功能是集散某个城市某一地区的快件,然后再按派送段进行分拣和派送。

随着快递服务业的快速发展,快递企业收派处理点的硬件设施科技含量日益提高、服务质量和效率得到进一步提升,服务功能也朝着多样化、综合化和个性化的方向发展。

(3) 处理中心

快件处理中心是快件传递网络的节点,主要负责快件的分拣、封发、中转任务。企业根据自身业务范围及快件流量来设置不同层级的处理中心,并确定其功能。处理中心的设置方式和位置,对快件的分拣、封发和交运等业务处理和组织形式以及快件的传递速度和质量起着决定性的作用。随着快递技术含量的上升和快件业务量的增加,快件处理中心的处理方式也正在由手工操作向半机械化和自动化处理方式过渡。

(4) 运输线路

运输线路是指快递运输工具在快件收派处理点处理中心间以及所在地区车站、机场、码头之间,按固定班次及规定路线运输快件的行驶路线。运输线路按所需运输工具可分为航空运输线路、火车运输线路、汽车运输线路和水运线路。

运输线路和运输工具是保证快件快速、准确送达客户的物质基础之一,是实现快件由分散(各收寄点)到集中(各处理中心)再到分散(各派送点)的纽带。

(5) 调度运营中心

调度运营中心是控制并保证快递网络按照业务流程设计要求有序运行的指挥中心。它需要按照预定业务运营计划和目标实行统一指挥,合理组织调度和使用全网络的人力物力和财力资源,纠正快件传递过程中出现的偏差或干扰,确保快件网络迅速、高效的良性运转。

2.2　快件传递网络的层次划分

快件传递网络是企业按照快递业务流程及快递业务实际运营的需要设立的,每一企业的快件传递网络是一个有机的整体。从我国快递企业的实际情况看,不同企业对快件传递网络又划分出不同的层次。一般而言,全国性企业的网络分为:省际网、省内网和市内网。

(1) 省际网

省际网主要承担省际的快件传递任务。它连接省际处理中心(包括国际快件处理中心),通过陆路和航空运输组成一个复合型的高效快递运输干线网络。由于省际网是整个快件传递网的关键环节,又最容易出现堵塞和其他问题,必须建立统一有序的指挥调度系统,及时进行信息反馈,以确保网络的畅通无阻。该类网络的设立与改造,应遵循社会发展和市场经济需求相适应的原则、追求经济效益与社会效益相一致的原则以及确保快件快速、有序、安全、准确运递的原则。

(2) 省内网

省内网是省际网的延伸,与市内网联系密切,在快件传递网络中起着承上启下的作用。省内网以区域或省内处理中心为依托,通过以汽车、火车运输为主的运输线路与和其有直封关系的上级、同级及下级处理中心相连接构成。省内网按快件运输的方式,可划分为以公路运输为主的公路网络、以铁路运输为主的铁路网络以及由多种运输方式相结合的综合网络。

在省内网中,根据快件的流向和流量、当地的地形地貌,以及交通条件等因素,形成不同的网络结构。从其运输线路看,一般常见的有辐射型、直线型和环线型。辐射型是指区域或省内处理中心与其所辖的同城或市内中心形成点对点的关系,各同城或市内中心的快件直接与区域或省内中心进行交换。直线型表示快递运输工具从区域或省内处理中心出发,由近及远依次经过各同城或市内中心,并卸载到站快件,然后原车按原线路返回,由远及近依次装载待发送快件后回到区域或省内中心。环线形表示运输工具从区域或省内处理中心出发,依次经过各同城或市内中心卸载到站快件,然后回到区域或省内中心。混合型是指上述三种基本运输线路的组合。

(3) 市内网

市内网是由同城或市内处理中心与若干个收派处理点组成的,除负责快件的收取和派送外,还负责快件的分拣、封发等工作。

同以上二级网络相比,同城或市内网的设置,更多需要考虑的是本地的具体因素,比如市政发展规划、土地征用政策、基本建设投资成本、经济发展水平、产业布局、运输条件、人口结构与密度、文化传统特点、快件的流向和流量等因素。

2.3 信息传输网络

在快件传递的过程中,始终伴随着快递相关信息的传输,这些信息包括单个快件运单的信息、快件总包的信息、总包路由的信息以及快件传递过程中每个节点产生的信息等。传输这些信息的网络就叫信息传输网络。

快递信息传输网络主要具有以下作用:

(1) 实现了对快件、总包等信息的实时传递;

(2) 实现了企业快递信息资源最大限度地综合利用与共享;

(3) 便于企业运营管理,提高工作效率,规范操作程序,减少人为差错;

(4) 便于企业为客户提供更优质的服务,包括为客户提供快件查询;

(5) 有利于增强企业竞争能力,促进企业可持续发展。

第二篇
法律法规

第一章 快递业法律法规体系概述

第一节 法规综述

快递业法律法规是快递业安全生产管理和安全生产技术的制度基础。快递业的主要负责人、安全管理人员必须熟练掌握快递业安全生产相关法律法规和快递业安全生产标准规定。快递业法律法规体系是一个包含多种法律形式和法律层次的综合性系统,按照其立法权限的不同,可以分为法律、行政法规、地方性法规、部门规章和地方性规章等,同时还有一些国家标准、行业标准和规范性文件进行针对性指导,这些法律法规共同支撑整个快递业。

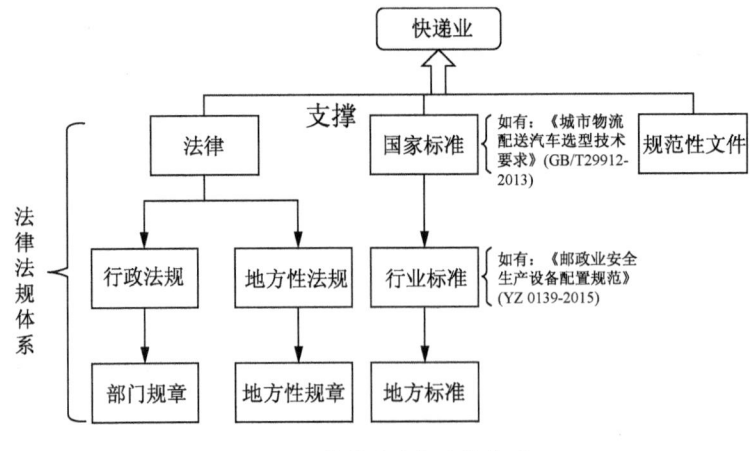

图 2-1 快递业法律法规体系

1.1 法律

法律:指全国人民代表大会及其委员会制定的法律文件,以国家主席令形式发布,在全国范围内施行,其地位和效力仅次于宪法。目前已颁布实施的与快递业相关的法律主要有《中华人民共和国安全生产法》《中华人民共和国邮政法》《中华人民共和国消防法》等。

1.2 行政法规

行政法规:指国务院组织制定并批准公布的,为实施安全生产法律或规范安全生产监督管理制度而制定并颁布的一系列具体规定,是实施安全生产监管工作的重要依据,其地位和效力次于宪法和法律。目前已颁布实施的主要有《中华人民共和国邮政法实施细则》《快递暂行条例》。

1.3 地方性法规

地方性法规:指由有立法权的地方权力机关——人民代表大会及其常委会制定的安全生产规范文件,是对国家安全生产法律法规的补充和完善,以解决本地安全生产实际情况为目标,具有较强的针对性和可操作性,包括各省、区、市的安全生产条例,如:《江苏省邮政条例》《南京市邮政条例》等。

1.4 部门规章和地方性规章

部门规章和地方性规章:国务院部门安全生产规章是由相关部门颁布的安全生产方面的规范性文件,是安全生产法律法规的重要补充。地方性规章一方面从属于法律和行政法规,另一方面又从属于地方性法规。

1.5 标准、规范

标准、规范:相关标准、规范是安全管理法律体系中的一个重要组成部分,也是安全生产管理的基础和监督执法工作的重要技术依据。国家标准分为强制性国家标准和推荐性国家标准。强制性国家标准由国务院有关行政主管部门依据职责提出、组织起草、征求意见和技术审查,由国务院标准化行政主管部门负责立项、编号和对外通报。强制性国家标准由国务院批准发布或授权发布。推荐性国家标准由国务院标准化行政主管部门制定。

行业标准是在全国某个行业范围内统一的标准。行业标准由国务院有关行政主管部门制定,并报国务院标准化行政主管部门备案。当同一内容的国家标准公布后,则该内容的行业标准即行废止。目前已颁布实施的主要有《快递服务》(YZ/T 0128—2007)、《邮政业安全生产设备配置规范》(YZ 0139—2015)、《快递营业场所设计基本要求》(YZ/T 0137—2015)、《邮政业从业企业标准化工作指南》(YZ/T 0138—2015)等。

1.6 规范性文件

规范性文件:各级机关、团体、组织制发的各类文件中最主要的一类,其内容具有约束和规范人们行为的性质。

《邮件快件收寄验视规定(试行)》《禁止寄递物品管理规定》《快递业务操作指导规范》《邮件快件微剂量 X 射线安全检查设备配置管理办法(试行)》《快递末端网点备案暂行规定》。

表 2.1　法律法规体系的区分

	制发主体	法律法规
法律	全国人民代表大会及其常务委员会制定	《中华人民共和国邮政法》
行政法规	国务院依法制定并以总理令形式发布	《快递暂行条例》
地方性法规	省、自治区、直辖市和较大的市的人民代表大会及其常委会制定	《南京市邮政条例》
部门规章	国务院相关部委制定并以部长令形式发布	《快递市场管理办法》
地方性规章	省、自治区、直辖市以及省级人民政府所在地的市、经济特区所在地的市和经国务院批准的较大的市的人民政府制定	《无锡市快递管理办法》
国家标准	国务院批准发布或授权发布;国务院标准化行政主管部门制定并发布	国家标准代号分为 GB(强制性)和 GB/T(推荐性)
行业标准	国务院有关行政主管部门制定,并报国务院标准化行政主管部门备案	邮政的行业代号为 YZ(强制性)和 YZ/T(推荐性)
规范性文件	各级机关、团体、组织制发	《邮件快件收寄验视规定》

第二节　重点法律介绍

2.1 《中华人民共和国安全生产法》

《中华人民共和国安全生产法》(以下简称《安全生产法》)于 2002 年 6 月 29 日中华人民共和国第九届全国人民代表大会常务委员会第二十八次会议通过，自 2002 年 11 月 1 日起施行。2021 年 6 月 10 日第十三届全国人民代表大会常务委员会第二十九次会议通过《全国人民代表大会常务委员会关于修改〈中华人民共和国安全生产法〉的决定》，自 2021 年 9 月 1 日起施行。

1. 适用范围

《安全生产法》适用于在中华人民共和国领域内从事生产经营活动的单位(以下统称生产经营单位)的安全生产；有关法律、行政法规对消防安全和道路交通安全、铁路交通安全、水上交通安全、民用航空安全以及核与辐射安全、特种设备安全另有规定的，适用其规定。

2. 有关快递业安全管理的主要内容

(1) 安全生产管理机构和专兼职安全生产管理人员

根据《安全生产法》第二十四条规定，矿山、金属冶炼、建筑施工、运输单位和危险物品的生产、经营、储存、装卸单位，应当设置安全生产管理机构或者配备专职安全生产管理人员。

前款规定以外的其他生产经营单位，从业人员超过一百人的，应当设置安全生产管理机构或者配备专职安全生产管理人员；从业人员在一百人以下的，应当配备专职或者兼职的安全生产管理人员。

(2) 企业安全生产主体责任及全员安全生产责任制

根据《安全生产法》第四条规定，生产经营单位必须遵守本法和其他有关安全生产的法律、法规，加强安全生产管理，建立健全安全生产责任制和安全生产规章制度，加大对安全生产资金、物资、技术、人员的投入保障力度，改善安全生产条件，加强安全生产标准化、信息化建设，构建安全风险分级管控和隐患排查治理双重预防机制，健全风险防范化解机制，提高安全生产水平，确保安全生产。

根据《安全生产法》第二十条规定，生产经营单位应当具备本法和有关法律、行政法规和国家标准或者行业标准规定的安全生产条件；不具备安全生产条件的，不得从事生产经营活动。

根据《安全生产法》第二十一条规定，生产经营单位的主要负责人对本单位安全生产工作负有下列职责：

（一）建立健全并落实本单位全员安全生产责任制，加强安全生产标准化建设；

（二）组织制定并实施本单位安全生产规章制度和操作规程；

（三）组织制定并实施本单位安全生产教育和培训计划；

（四）保证本单位安全生产投入的有效实施；

（五）组织建立并落实安全风险分级管控和隐患排查治理双重预防工作机制，督促、检查本单位的安全生产工作，及时消除生产安全事故隐患；

（六）组织制定并实施本单位的生产安全事故应急救援预案；

（七）及时、如实报告生产安全事故。

根据《安全生产法》第二十二条规定，生产经营单位的全员安全生产责任制应当明确各岗位的责任人员、责任范围和考核标准等内容。

根据《安全生产法》第二十五条规定，生产经营单位的安全生产管理机构以及安全生产管理人员履行下列职责：

（一）组织或者参与拟订本单位安全生产规章制度、操作规程和生产安全事故应急救援预案；

（二）组织或者参与本单位安全生产教育和培训，如实记录安全生产教育和培训情况；

（三）组织开展危险源辨识和评估，督促落实本单位重大危险源的安全管理措施；

（四）组织或者参与本单位应急救援演练；

（五）检查本单位的安全生产状况，及时排查生产安全事故隐患，提出改进安全生产管理的建议；

（六）制止和纠正违章指挥、强令冒险作业、违反操作规程的行为；

（七）督促落实本单位安全生产整改措施。

(3) 安全教育培训

生产经营单位应当对从业人员进行安全生产教育和培训,保证从业人员具备必要的安全生产知识,熟悉有关的安全生产规章制度和安全操作规程,掌握本岗位的安全操作技能,了解事故应急处理措施,知悉自身在安全生产方面的权利和义务。未经安全生产教育和培训合格的从业人员,不得上岗作业。

生产经营单位应当建立安全生产教育和培训档案,如实记录安全生产教育和培训的时间、内容、参加人员以及考核结果等情况。

(4) 日常安全管理

根据《安全生产法》第三十五条、第三十七条、第四十二条的条款规定:

(一) 生产经营单位应当在有较大危险因素的生产经营场所和有关设施、设备上,设置明显的安全警示标志。

(二) 生产经营单位使用的危险物品的容器、运输工具,以及涉及人身安全、危险性较大的海洋石油开采特种设备和矿山井下特种设备,必须按照国家有关规定,由专业生产单位生产,并经具有专业资质的检测、检验机构检测、检验合格,取得安全使用证或者安全标志,方可投入使用。检测、检验机构对检测、检验结果负责。

图 2-2　安全标志

(三) 生产、经营、储存、使用危险物品的车间、商店、仓库不得与员工宿舍在同一座建筑物内,并应当与员工宿舍保持安全距离。

生产经营场所和员工宿舍应当设有符合紧急疏散要求、标志明显、保持畅通的出口、疏散通道。禁止占用、锁闭、封堵生产经营场所或者员工宿舍的出口、疏散通道。

2.2 《中华人民共和国反恐怖主义法》

《中华人民共和国反恐怖主义法》(以下简称《反恐怖主义法》)于 2015 年 12 月 27 日第十二届全国人民代表大会常务委员会第十八次会议通过,2016 年 1

月1日起施行。根据2018年4月27日第十三届全国人民代表大会常务委员会第二次会议《关于修改〈中华人民共和国国境卫生检疫法〉等六部法律的决定》修正。

1. 适用范围

《反恐怖主义法》所称恐怖主义,是指通过暴力、破坏、恐吓等手段,制造社会恐慌、危害公共安全、侵犯人身财产,或者胁迫国家机关、国际组织,以实现其政治、意识形态等目的的主张和行为。

图 2-3

《反恐怖主义法》所称恐怖活动,是指恐怖主义性质的下列行为:(一)组织、策划、准备实施、实施造成或者意图造成人员伤亡、重大财产损失、公共设施损坏、社会秩序混乱等严重社会危害的活动的;(二)宣扬恐怖主义,煽动实施恐怖活动,或者非法持有宣扬恐怖主义的物品,强制他人在公共场所穿戴宣扬恐怖主义的服饰、标志的;(三)组织、领导、参加恐怖活动组织的;(四)为恐怖活动组织、恐怖活动人员、实施恐怖活动或者恐怖活动培训提供信息、资金、物资、劳务、技术、场所等支持、协助、便利的;(五)其他恐怖活动。《反恐怖主义法》所称恐怖活动组织,是指三人以上为实施恐怖活动而组成的犯罪组织。《反恐怖主义法》所称恐怖活动人员,是指实施恐怖活动的人和恐怖活动组织的成员。《反恐怖主义法》所称恐怖事件,是指正在发生或者已经发生的造成或者可能造成重大社会危害的恐怖活动。

2. 有关快递业安全管理的主要内容

根据《反恐怖主义法》第九条规定,任何单位和个人都有协助、配合有关部门开展反恐怖主义工作的义务,发现恐怖活动嫌疑或者恐怖活动嫌疑人员的,应当及时向公安机关或者有关部门报告。

根据《反恐怖主义法》第二十条规定,铁路、公路、水上、航空的货运和邮政、快递等物流运营单位应当实行安全查验制度,对客户身份进行查验,依照规定对运输、寄递物品进行安全检查或者开封验视。对禁止运输、寄递,存在重大安全隐患,或者客户拒绝安全查验的物品,不得运输、寄递。前款规定的物流运营单位,应当实行运输、寄递客户身份、物品信息登记制度。

根据《反恐怖主义法》第八十五条规定,铁路、公路、水上、航空的货运和邮政、快递等物流运营单位有下列情形之一的,由主管部门处十万元以上五十万元以下罚款,并对其直接负责的主管人员和其他直接责任人员处十万元以下罚款:(一)未实行安全查验制度,对客户身份进行查验,或者未依照规定对运输、寄递物品进行安全检查或者开封验视的;(二)对禁止运输、寄递,存在重大安全隐患,或者客户拒绝安全查验的物品予以运输、寄递的;(三)未实行运输、寄递客户身份、物品信息登记制度的。

2.3 《中华人民共和国邮政法》

《中华人民共和国邮政法》(以下简称《邮政法》)于1986年12月2日第六届全国人民代表大会常务委员会第十八次会议通过,自1987年1月1日起施行。现行版本为2015年4月24日第十二届全国人民代表大会常务委员会第十四次会议《关于修改〈中华人民共和国义务教育法〉等五部法律的决定》第二次修正。

1. 适用范围

《邮政法》是为了保障邮政普遍服务,加强对邮政市场的监督管理,维护邮政通信与信息安全,保护通信自由和通信秘密,保护用户合法权益,促进邮政业健康发展,适应经济社会发展和人民生活需要而制定。

《邮政法》所称邮政普遍服务,是指按照国家规定的业务范围、服务标准,以合理的资费标准,为中华人民共和国境内所有用户持续提供的邮政服务。

2. 有关快递业安全管理的主要内容

1) 邮政服务相关规定

根据《邮政法》第五条规定,国务院规定范围内的信件寄递业务,由邮政企业专营。

根据《邮政法》第二十四条规定,邮政企业收寄邮件和用户交寄邮件,应当遵守法律、行政法规以及国务院和国务院有关部门关于禁止寄递或者限制寄递物品的规定。

根据《邮政法》第二十五条规定,邮政企业应当依法建立并执行邮件收寄验视制度。对用户交寄的信件,必要时邮政企业可以要求用户开拆,进行验视,但不得检查信件内容。用户拒绝开拆的,邮政企业不予收寄。对信件以外的邮件,邮政企业收寄时应当场验视内件。用户拒绝验视的,邮政企业不予收寄。

根据《邮政法》第二十六条规定,邮政企业发现邮件内夹带禁止寄递或者限制寄递的物品的,应当按照国家有关规定处理。进出境邮件中夹带国家禁止进出境或者限制进出境的物品的,由海关依法处理。

根据《邮政法》第三十七条规定,任何单位和个人不得利用邮件寄递含有下列内容的物品:(一)煽动颠覆国家政权、推翻社会主义制度或者分裂国家、破坏国家统一,危害国家安全的;(二)泄露国家秘密的;(三)散布谣言扰乱社会秩序,破坏社会稳定的;

图 2-4

(四)煽动民族仇恨、民族歧视,破坏民族团结的;(五)宣扬邪教或者迷信的;(六)散布淫秽、赌博、恐怖信息或者教唆犯罪的;(七)法律、行政法规禁止的其他内容。

根据《邮政法》第三十八条规定,任何单位和个人不得有下列行为:(一)扰乱邮政营业场所正常秩序;(二)阻碍邮政企业从业人员投递邮件;(三)非法拦截、强登、扒乘带有邮政专用标志的车辆;(四)冒用邮政企业名义或者邮政专用标志;(五)伪造邮政专用品或者倒卖伪造的邮政专用品。

2) 快递业务相关规定

根据《邮政法》第五十一条规定,经营快递业务,应当依照本法规定取得快递业务经营许可;未经许可,任何单位和个人不得经营快递业务。外商不得投资经营信件的国内快递业务。国内快递业务,是指从收寄到投递的全过程均发生在中华人民共和国境内的快递业务。

① 经营许可管理

根据《邮政法》第五十二条规定,申请快递业务经营许可,应当具备下列条件:(一)符合企业法人条件;(二)在省、自治区、直辖市范围内经营的,注册资本不低于人民币五十万元,跨省、自治区、直辖市经营的,注册资本不低于人民币一百万元,经营国际快递业务的,注册资本不低于人民币二百万元;(三)有与申请经营的地域范围相适应的服务能力;(四)有严格的服务质量管理制度和完备的业务操作规范;(五)有健全的安全保障制度和措施;(六)法律、行政法规规定的其他条件。

根据《邮政法》第五十三条规定,申请快递业务经营许可,在省、自治区、直辖市范围内经营的,应当向所在地的省、自治区、直辖市邮政管理机构提出申请,跨省、自治区、直辖市经营或者经营国际快递业务的,应当向国务院邮政管理部门提出申请;申请时应当提交申请书和有关申请材料。受理申请的邮政管理部门应当自受理申请之日起四十五日内进行审查,作出批准或者不予批准的决定。予以批准的,颁发快递业务经营许可证;不予批准的,书面通知申请人并说明理由。邮政管理部门审查快递业务经营许可的申请,应当考虑国家安全等因素,并征求有关部门的意见。申请人凭快递业务经营许可证向工商行政管理部门依法办理登记后,方可经营快递业务。

根据第五十四条规定,邮政企业以外的经营快递业务的企业(以下称快递企业)设立分支机构或者合并、分立的,应当向邮政管理部门备案。

根据《邮政法》第五十八条规定,快递企业停止经营快递业务的,应当书面告知邮政管理部门,交回快递业务经营许可证,并对尚未投递的快件按照国务院邮政管理部门的规定妥善处理。

② 经营管理要求

根据《邮政法》第五十五条规定,快递企业不得经营由邮政企业专营的信件寄递业务,不得寄递国家机关公文。

根据《邮政法》第五十六条规定,快递企业经营邮政企业专营业务范围以外的信件快递业务,应当在信件封套的显著位置标注信件字样。快递企业不得将信件打包后作为包裹寄递。

③ 人员培训

根据《邮政法》第六十条规定,经营快递业务的企业依法成立的行业协会,依照法律、行政法规及其章程规定,制定快递行业规范,加强行业自律,为企业提供信息、培训等方面的服务,促进快递行业的健康发展。经营快递业务的企业应当对其从业人员加强法制教育、职业道德教育和业务技能培训。

2.4 《快递暂行条例》

《快递暂行条例》于2018年2月7日国务院第198次常务会议通过,自2018年5月1日起施行。

1. 适用范围

《快递暂行条例》适用于在中华人民共和国境内从事快递业务经营、接受快递服务以及对快递行业实施监督管理。

2. 有关快递业安全管理的主要内容

(1) 经营许可管理

根据《快递暂行条例》第十七条规定，经营快递业务，应当依法取得快递业务经营许可。邮政管理部门应当根据《中华人民共和国邮政法》第五十二条、第五十三条规定的条件和程序核定经营许可的业务范围和地域范围，向社会公布取得快递业务经营许可的企业名单，并及时更新。

根据《快递暂行条例》第十八条规定，经营快递业务的企业及其分支机构可以根据业务需要开办快递末端网点，并应当自开办之日起20日内向所在地邮政管理部门备案。快递末端网点无需办理营业执照。

根据《快递暂行条例》第十九条规定，两个以上经营快递业务的企业可以使用统一的商标、字号或者快递运单经营快递业务。前款规定的经营快递业务的企业应当签订书面协议明确各自的权利义务，遵守共同的服务约定，在服务质量、安全保障、业务流程等方面实行统一管理，为用户提供统一的快件跟踪查询和投诉处理服务。用户的合法权益因快件延误、丢失、损毁或者内件短少而受到损害的，用户可以要求该商标、字号或者快递运单所属企业赔偿，也可以要求实际提供快递服务的企业赔偿。

图 2-5

(2) 快递安全管理

根据《快递暂行条例》第三十条规定，寄件人交寄快件和经营快递业务的企业收寄快件应当遵守《中华人民共和国邮政法》第二十四条关于禁止寄递或者限制寄递物品的规定。禁止寄递物品的目录及管理办法,由国务院邮政管理部门会同国务院有关部门制定并公布。

根据《快递暂行条例》第三十一条规定,经营快递业务的企业收寄快件,应当依照《中华人民共和国邮政法》的规定验视内件,并作出验视标识。寄件人拒绝验视的,经营快递业务的企业不得收寄。经营快递业务的企业受寄件人委托,长期、批量提供快递服务的,应当与寄件人签订安全协议,明确双方的安全保障义务。

根据《快递暂行条例》第三十二条规定,经营快递业务的企业可以自行或者委托第三方企业对快件进行安全检查,并对经过安全检查的快件作出安全检查标识。经营快递业务的企业委托第三方企业对快件进行安全检查的,不免除委托方对快件安全承担的责任。经营快递业务的企业或者接受委托的第三方企业应当使用符合强制性国家标准的安全检查设备,并加强对安全检查人员的背景审查和技术培训;经营快递业务的企业或者接受委托的第三方企业对安全检查人员进行背景审查,公安机关等相关部门应当予以配合。

根据《快递暂行条例》第三十三条规定,经营快递业务的企业发现寄件人交寄禁止寄递物品的,应当拒绝收寄;发现已经收寄的快件中有疑似禁止寄递物品的,应当立即停止分拣、运输、投递。对快件中依法应当没收、销毁或者可能涉及违法犯罪的物品,经营快递业务的企业应当立即向有关部门报告并配合调查处理;对其他禁止寄递物品以及限制寄递物品,经营快递业务的企业应当按照法律、行政法规或者国务院和国务院有关主管部门的规定处理。

根据《快递暂行条例》第三十四条规定,经营快递业务的企业应当建立快递运单及电子数据管理制度,妥善保管用户信息等电子数据,定期销毁快递运单,采取有效技术手段保证用户信息安全。具体办法由国务院邮政管理部门会同国务院有关部门制定。经营快递业务的企业及其从业人员不得出售、泄露或者非法提供快递服务过程中知悉的用户信息。发生或者可能发生用户信息泄露的,经营快递业务的企业应当立即采取补救措施,并向所在地邮政管理部门报告。

根据《快递暂行条例》第三十五条规定,经营快递业务的企业应当依法建立健全安全生产责任制,确保快递服务安全。经营快递业务的企业应当依法制定突发事件应急预案,定期开展突发事件应急演练;发生突发事件的,应当按照应急预案及时、妥善处理,并立即向所在地邮政管理部门报告。

第二章 部门及地方规章、规范及标准

第一节 部门规章及规范性文件介绍

1.1 《快递业务经营许可管理办法》

《快递业务经营许可管理办法》于2018年10月8日经第16次部务会议通过，自2019年1月1日起施行。(2018年10月22日交通运输部发布，根据2019年11月28日交通运输部《关于修改〈快递业务经营许可管理办法〉的决定》修正。)

1. 适用范围

《快递业务经营许可管理办法》适用于快递业务经营许可的申请、审批以及相关监督管理。

2. 快递业相关安全管理的主要内容

《快递业务经营许可管理办法》明确了申请经营快递业务的条件。对于快递经营许可审批程序有了明确要求，包括提出经营许可申请、申请材料、邮政管理部门审批流程和备案。同时对许可证的管理(换领、年度报告制度、交回和注销)也做了具体要求。

根据《快递业务经营许可管理办法》第八条规定，申请快递业务经营许可，应当具备下列服务质量管理制度和业务操作规范：

(一)服务种类、服务时限、服务价格等服务承诺公示管理制度；

(二)投诉受理办法、赔偿办法等管理制度；

(三)业务查询、收寄、分拣、投递等操作规范。

根据《快递业务经营许可管理办法》第九条规定，申请快递业务经营许可，根

据其申请经营的业务范围,应当具备下列安全保障制度和措施:

(一)从业人员安全、用户信息安全等保障制度;

(二)突发事件应急预案;

(三)收寄验视、实名收寄等制度;

(四)快件安全检查制度;

(五)配备符合国家规定的监控、安检等设备设施;

(六)配备统一的计算机管理系统,配置符合邮政管理部门规定的数据接口,能够提供快递服务有关数据;

(七)监测、记录计算机管理系统运行状态的技术措施;

(八)快递服务信息数据备份和加密措施。

根据《快递业务经营许可管理办法》第十条规定,申请经营国际快递业务的,还应当能够向有关部门提供寄递快件的报关数据,位于机场和进出口岸等属于海关监管的处理场地、设施、设备应当符合海关依法履行职责的要求。

根据《快递业务经营许可管理办法》第十一条规定,申请快递业务经营许可,应当向《中华人民共和国邮政法》第五十三条第一款规定的邮政管理部门提交下列材料:

(一)快递业务经营许可申请书;

(二)企业名称预先核准材料或者企业法人营业执照;

(三)符合本办法第七条至第十条规定条件的情况说明;

(四)法律、行政法规规定的其他材料。

快递业务经营许可申请可以通过邮政管理部门信息系统提出。

1.2 《邮政业寄递安全监督管理办法》

《邮政业寄递安全监督管理办法》于2019年12月18日经第30次部务会议通过,并于2020年1月2日以交通运输部令2020年第1号发布,自2020年2月15日起施行。2020年1月2日交通运输部公布,根据2023年12月20日《交通运输部关于修改〈邮政业寄递安全监督管理办法〉的决定》修正。

1. 适用范围

《邮政业寄递安全监督管理办法》适用于在中华人民共和国境内经营邮政业务、快递业务,接受邮政服务、快递服务以及对邮政业寄递安全实施监督管理。

2. 快递业相关安全管理的主要内容

(1) 收寄管理

根据《邮政业寄递安全监督管理办法》第九条规定，交寄、收寄邮件、快件，应当遵守实名收寄管理制度。

根据《邮政业寄递安全监督管理办法》第十条规定，邮政企业、快递企业应当依法验视用户交寄的物品是否属于禁止寄递或者限制寄递的物品，核对物品的名称、性质、数量等是否与寄递详情单显示或者关联的信息一致；予以收寄的，应当按照国务院邮政管理部门的规定作出验视标识。

按照国家规定需要用户提供有关书面凭证的，邮政企业、快递企业应当要求用户提供凭证原件，核对无误后，方可收寄。

根据《邮政业寄递安全监督管理办法》第十一条规定，邮政企业、快递企业在收寄过程中发现禁止寄递物品的，应当拒绝收寄；发现已经收寄的邮件、快件中有疑似禁止寄递物品的，应当立即停止分拣、运输、投递。对邮件、快件中依法应当没收、销毁或者可能涉及违法犯罪的物品，应当立即向有关部门报告，并配合调查处理；对其他禁止寄递物品、限制寄递物品或者一同查处的禁止寄递物品之外的物品，邮政企业、快递企业应当通知寄件人或者收件人，并依法妥善处理。

(2) 安全检查

根据《邮政业寄递安全监督管理办法》第十二条规定，邮政企业、快递企业应当按照国务院邮政管理部门的规定对邮件、快件进行安全检查，并对经过安全检查的邮件、快件作出安全检查标识。委托第三方企业对邮件、快件进行安全检查的，不免除邮政企业、快递企业对邮件、快件安全承担的责任。

邮政企业、快递企业或者接受委托的第三方企业应当使用符合强制性国家标准的安全检查设备，并加强对安全检查人员的背景审查和技术培训，确保其具备安全检查所必需的知识和技能。

根据《邮政业寄递安全监督管理办法》第十三条规定，邮政企业委托其他单位代办邮政服务的，或者经营快递业务的企业及其分支机构与其他单位、个人合作开办末端网点的，应当对收寄、投递邮件、快件的人员进行岗位安全操作规程和安全操作技能的教育和培训。

（3）视频监控

根据《邮政业寄递安全监督管理办法》第二十一条规定，邮政企业、快递企业应当对其提供寄递服务的营业场所、处理场所，包括其开办的快递末端网点、设置的智能快件箱进行全天候视频监控。其中，营业场所、快递末端网点、智能快件箱的视频监控设备应当全面覆盖，处理场所的视频监控设备应当覆盖各出入口、主要生产作业区域。

邮政企业、快递企业保存监控资料的时间不得少于 30 日。其中，营业场所交寄、接收、验视、安检、提取区域以及智能快件箱放置区域的监控资料保存时间不得少于 90 日。

邮政企业、快递企业应当按照邮政管理部门的要求报送监控资料。

（4）网络及信息安全

根据《邮政业寄递安全监督管理办法》第二十二条规定，邮政企业、快递企业应当按照国家网络安全等级保护制度的要求，履行下列安全保护义务，保障其网络免受干扰、破坏或者未经授权的访问，防止网络数据泄露或者被窃取、篡改：

（一）制定内部安全管理制度和操作规程，确定网络安全负责人，落实网络安全保护责任；

（二）采取防范计算机病毒和网络攻击、网络侵入等危害网络安全行为的技术措施；

（三）采取监测、记录网络运行状态、网络安全事件的技术措施，并按照规定留存相关的网络日志不少于 6 个月；

（四）采取数据分类、重要数据备份和加密等措施；

（五）法律、行政法规规定的其他义务。

根据《邮政业寄递安全监督管理办法》第二十三条规定，邮政企业、快递企业应当建立寄递详情单及电子数据管理制度，定期销毁已经使用过的寄递详情单，妥善保管用户信息等电子数据，采取有效手段保证用户信息安全。

根据《邮政业寄递安全监督管理办法》第二十四条规定，未经法律明确授权或者用户书面同意，邮政企业、快递企业及其从业人员不得将用户身份信息以及用户使用邮政服务、快递服务的信息提供给任何单位或者个人。

发生或者可能发生用户信息泄露、丢失等情况时，邮政企业、快递企业应当立即采取补救措施，并向事件所在地邮政管理部门报告，配合有关部门进行调查处理。

根据《邮政业寄递安全监督管理办法》第二十五条规定,邮政企业、快递企业应当按照邮政管理部门的规定预留安全监管数据接口,收集、分析与寄递安全有关的信息,确保数据真实、完整,并按时向邮政管理部门报送。

1.3 《邮件快件实名收寄管理办法》

《邮件快件实名收寄管理办法》于2018年10月8日经第16次部务会议通过,自公布之日起施行。

1. 适用范围

《邮件快件实名收寄管理办法》适用于在中华人民共和国境内交寄、收寄邮件、快件以及实施相关监督管理。

2. 快递业相关的主要内容

(1) 实名收寄的行为内容

根据《邮件快件实名收寄管理办法》第三条规定,邮政企业、快递企业和经营邮政通信业务的企业(以下统称寄递企业)应当执行实名收寄,在收寄邮件、快件时,要求寄件人出示有效身份证件,对寄件人身份进行查验,并登记身份信息。

寄件人出示的有效身份证件包括:

(一) 居民身份证、临时居民身份证;

(二) 中国人民解放军军人身份证件、中国人民武装警察身份证件;

(三) 港澳台居民居住证、港澳居民来往内地通行证、台湾居民来往大陆通行证;

(四) 外国公民护照;

(五) 国家规定的其他有效身份证件。

根据《邮件快件实名收寄管理办法》第十条规定,寄件人交寄邮件、快件时,应当出示本人有效身份证件,并如实填写邮件详情单、快递运单等寄递详情单。

根据《邮件快件实名收寄管理办法》第十一条规定,除信件和已签订安全协议用户交寄的邮件、快件外,寄递企业收寄邮件、快件时,应当核对寄件人在寄递详情单上填写的个人身份信息与有效身份证件信息。信息核对一致后,寄递企业记录证件类型与证件号码,但不得擅自记录在寄递详情单上。

(2) 实名收寄的责任分配

根据《邮件快件实名收寄管理办法》第七条规定,寄递企业应当制定本单位实名收寄管理制度和措施,并严格落实执行。

(3) 协议客户

根据《邮件快件实名收寄管理办法》第十二条规定,寄递企业采取与用户签订安全协议方式收寄邮件、快件的,应当一次性查验寄件人的有效身份证件,登记相关身份信息,留存有效身份证件复印件。寄件人为法人或者其他组织的,寄递企业应当核对、记录其统一社会信用代码,留存法定代表人或者相关负责人的有效身份证件复印件。

寄递企业应当将安全协议以及用户身份信息保存至协议终止后不少于1年,并将与其签订安全协议的用户名单送邮政管理部门备案。

(4) 不得收寄的邮件、快件

根据《邮件快件实名收寄管理办法》第十五条规定,有下列情形之一的,寄递企业不得收寄邮件、快件:

(一) 寄件人交寄信件以外的邮件、快件时,拒绝出示有效身份证件,或者拒绝寄递企业登记身份信息的;

(二) 寄递企业收寄信件以外的邮件、快件时,发现寄件人在寄递详情单上填写的寄件人姓名与出示的有效身份证件不一致的。

第二节　地方性法规

2.1　《江苏省邮政条例》

《江苏省邮政条例》于2017年12月2日江苏省第十二届人民代表大会常务委员会第三十三次会议通过,自2018年2月1日起施行。

1. 适用范围

《江苏省邮政条例》适用于在本省行政区域从事邮政业规划、建设、服务和监督管理等活动。

2. 主要修订内容

《江苏省邮政条例》第五条增加一款，作为第二款：设区的市邮政管理部门设置的派出机构，按照职责负责县(市、区)区域内邮政普遍服务、邮政市场的监督管理工作；未设置派出机构的，设区的市邮政管理部门可以委托县级交通运输部门负责相关监督管理工作。县级以上地方人民政府设立或者明确的机构，协助做好本辖区邮政普遍服务、邮政市场监督管理的具体工作。

删除第五十二条：在本省行政区域内开办集邮票品集中交易市场，应当依法向邮政管理部门申请并取得集邮票品集中交易市场开办许可证。

2.2 《南京市邮政条例》

根据 2021 年 7 月 29 日江苏省第十三届人民代表大会常务委员会第二十四次会议批准的《南京市人民代表大会常务委员会关于修改〈南京市装饰装修管理条例〉等三件地方性法规的决定》修正。

适用范围：《条例》适用于本市行政区域内的邮政业规划、建设、服务和监督管理等活动。

新修改内容说明：

(1) 将第七条第三款中的"城乡规划、土地利用总体规划"修改为"国土空间规划"。

(2) 删去第八条中的"规划主管部门提出的"。

(3) 将第十一条第三款中的"产权人"修改为"所有权人"。

(4) 将第十二条第二款修改为："本条例实施前已建成使用的城镇居民住宅区，设置快件服务用房或者智能快件箱等自助服务设备的，应当经业主委员会同意。业主委员会作出决策前，应当在住宅区显著位置公示七日，征求业主意见。市、区人民政府和江北新区管理机构对住宅区进行改造、出新时，可以设置快件服务用房或者智能快件箱等自助服务设备。市、区人民政府和江北新区管理机构支持、鼓励企业采用平台共用开放模式，设置智能快件箱等自助服务设备。"

(5) 将第二十九条第二款中的"十五日"修改为"十日"。

(6) 将第三十九条第三项中的"不得少于三十日"修改为"符合国家有关规定"。

(7) 将第四十六条第一款中的"十五日"修改为"七日"。

(8) 将第四十七条修改为:"违反本条例第十二条第二款规定,任何单位或者个人设置快件服务用房或者智能快件箱等自助服务设备,未经业主委员会同意,由住房保障和房产行政主管部门责令限期改正,给予警告,并对个人处以一千元以上一万元以下罚款,对单位处以五万元以上二十万元以下罚款。"

(9) 将第五十条改为第四十九条,将其中的"行政处分"修改为"处分"。

(10) 删去第二十五条第二款、第四十八条。

(11) 将有关条款中的"市、区人民政府"修改为"市、区人民政府和江北新区管理机构","规划""国土资源"修改为"规划和自然资源","工商行政管理"修改为"市场监管","安全生产监督"修改为"应急管理",删去"物价"。

第三节　标准规范介绍

3.1 《快递服务》(GB/T 27917—2023)

《快递服务》(GB/T 27917—2023)系列国家标准由国家市场监督管理总局(国家标准化管理委员会)发布,自2024年4月1日起正式实施。

《快递服务》系列国家标准包括三部分内容,分别是:

(1)《快递服务 第1部分:基本术语》(GB/T 27917.1—2023)

本部分界定了快递服务的基础概念以及与从业人员、快递服务类别、特殊快件、服务设施设备、服务用品、服务环节、服务质量相关的基本术语等。

(2)《快递服务 第2部分:组织要求》(GB/T 27917.2—2023)

本部分规定了快递服务主体的总体要求、服务主体、服务产品、服务场所及设施、包装用品与设备、从业人员管理、信息系统、数据安全、服务合同、服务安全、服务质量的基本要求。

(3)《快递服务 第3部分:服务环节》(GB/T 27917.3—2023)

本部分规定了国内快递业务(不含港澳台快递业务)服务环节,以及国际快递业务在中华人民共和国境内、港澳台快递业务在内地(大陆)服务环节等方面的具体要求。

3.2 《邮政业安全生产设备配置规范》(YZ 0139—2015)

《邮政业安全生产设备配置规范》(YZ 0139—2015)是中国第一部强制性邮政行业标准,自2015年9月1日起施行。

本标准适用于邮政企业、快递企业及其他从事寄递服务的企业(以下统称寄递企业)从收寄到投递的各个环节、场所,村邮站和快递合作营业场所除外。

标准从消防、隔离、监控、安检、报警设备等多个方面对营业场所的安全生产设备配置进行了规定。

《邮政业安全生产设备配置规范》的主要要求:快递企业的处理场所、与外相通的各出入口、停车与装卸区等区域要安装视频监控摄像头,图像资料保存不少于30天。处理场所视频监控的图像和数据应实现与邮政管理部门视频监控系统联网联通。快递企业应配备微剂量X射线安全检查设备,对航空和高铁邮件、快件以及国际和港澳台邮件、快件要保证100%过机安检,其他邮快件的过机安检率应符合相关规定。

3.3 《快递安全生产操作规范》(YZ 0149—2015)

《快递安全生产操作规范》(YZ 0149—2015)是中国标准化研究院与各邮政企业为进一步规范快递生产操作行为,提升快递安全生产水平,更好地保障寄递渠道安全而联合编写的强制性邮政行业标准,自2016年6月1日起施行。

标准对贯穿快递安全生产操作全过程的基本要素提出了六点要求,即完善制度、强化培训、即查即停、文明操作、以人为本和全程管控。其中,完善制度和强化培训突出快递安全操作的基础能力建设;即查即停、文明操作和全程管控突出快递过程中的基本安全操作要求;以人为本则突出安全事件应对与处理的原则要求。

3.4 《快递营业场所设计基本要求》(YZ/T 0137—2015)

《快递营业场所设计基本要求》(YZ/T 0137—2015)是由国家邮政局正式发布,自2015年5月1日起施行。

本标准规定了快递营业场所在选址、分类、原则要求和功能分区、设施设备、装修和安全等方面的要求。本标准中快递营业场所是指用于提供快件收寄、投递及其他相关末端服务的场所。

本标准适用于快递服务组织自有快递营业场所的设计与建设。

3.5 《寄递企业安全防范要求》(GA 1468—2018)

《寄递企业安全防范要求》(GA 1468—2018)(以下简称《要求》)是由中华人民共和国公安部发布,自2018年3月9日起实施。

1. 适用范围

《寄递企业安全防范要求》(GA 1468—2018)适用于寄递企业安全防范系统的建设和管理,快递企业设立的末端网点安全防范系统建设和管理。

2. 相关快递业安全管理要求

(1) 安全防范工作制度

根据《要求》4.5条款规定,寄递企业应按照相关法律法规,制定收寄、分拣、储存、运输、投递等各环节安全防范工作制度,包括但不限于以下内容:a)收寄验视制度;b)实名收寄制度;c)邮件快件安全检查制度;d)禁寄物品报告和安全处理制度;e)门卫、值班、巡查制度;f)从业人员管理和安全教育培训制度;g)用户个人信息安全保密制度;h)安全工作考核和奖惩制度。

(2) 安全技术防范系统

根据《要求》4.7条款规定,寄递企业应按照GB50348的规定设计、建设安全技术防范系统,供电设计应符合GB/T15408的规定。

根据《要求》4.8条款规定,寄递企业安全技术防范系统使用的设备应符合国家法规和现行相关标准的规定,并经检验或认证合格。

根据《要求》4.9条款规定,寄递企业安全防范系统建设应纳入寄递企业工程建设总体规划,综合设计,同步施工,改建或扩建工程也应该按照本标准进行设计、施工;安全防范系统应独立验收,同时交付使用。

3.6 《寄递企业经营场所安全操作管理规范》

《寄递企业经营场所安全操作管理规范》规定了快递行业的资质条件、机构和人员、场所要求、经营管理、实名收寄执行、收寄验视执行、过机安检执行、信息与监控、安全生产责任制、规章与规程、教育培训、安全保障、现场管理、设备设施、隐患治理、应急管理、事故管理等内容。适用于邮政企业、快递企业、经营邮政通信业务的企业从事快递经营场所安全操作管理活动,包括快件收寄、分拣、投递等环节。

第四节 规范性文件

4.1 《快递业务操作指导规范》

《快递业务操作指导规范》是由国家邮政局于2011年发布的部门规范性文件,是为了全面贯彻实施《中华人民共和国邮政法》,提升快递服务水平而制定的。

1. 适用范围

《快递业务操作指导规范》适用于在中华人民共和国境内提供快递服务的企业。

2. 相关的主要内容

主要针对快递业务全过程作业的收寄、分拣、运输、投递等重要环节和关键质量控制点,规定了规范操作的基本要求,旨在指导快递企业科学组织生产管理。

(1) 收寄

根据《快递业务操作指导规范》第九条规定,快递企业应当提供电话、互联网等多种方式接收寄件人的寄件要求。接单时,客服人员应当记录寄件人姓名、取件地址、联系方式、快递种类、快件品名、快件寄达地等相关信息,并和寄件人约定取件时间。

快递企业在接单后,宜在2小时内取件;取件后,宜在3小时内将快件送交快递营业场所。

上门收寄时,要保证已收取快件的安全,严禁将已收取快件单独放置在无人保管的地方。

根据《快递业务操作指导规范》第十一条规定,快递企业应当建立并执行快件收寄验视制度。对寄件人交寄的信件,必要时快递企业可要求寄件人开拆,进行验视,但不得检查信件内容。寄件人拒绝开拆的,快递企业不予收寄。

对信件以外的快件,快递企业收寄时应当场验视内件,检查是否属于国家禁止或限制寄递的物品。寄件人拒绝验视的,不予收寄。

快递企业在收寄相关物品时,依照国家规定需要寄件人出具书面证明的,应当要求寄件人出示证明原件,核对无误后,方可收寄。经验视,快递企业仍不能确定安全性的存疑物品,应当要求寄件人出具身份证明及相关部门的物品安全证明,核对无误后,方可收寄。收寄已出具相关证明的物品时,应当以纸质或电子文档形式如实记录收寄物品的名称、规格、数量、收寄时间、寄件人和收件人名址等信息,记录保存期限应当不少于 1 年。

验视时,如发现法律、法规规定禁寄物品,快递企业应当拒收并向寄件人说明原因。如发现各种反动报刊、书籍、淫秽物品、毒品及其他危险品,应当及时通知国家有关部门处理,并及时报告当地邮政管理部门;发现限寄物品,应当告知寄件人处理方法。

根据《快递业务操作指导规范》第十三条规定,快递企业应当使用符合国家、行业标准的秤、卷尺等计量用具,确定正确的计费重量,并根据计费重量、服务种类等确定服务费用。快递企业应当在提供服务前告知寄件人收费依据、标准或服务费用。

根据《快递业务操作指导规范》第十四条规定,寄件人填写快递运单前,快递企业应当提醒寄件人阅读快递业务合同条款。快递企业应当提示寄件人如实填写快递运单,包括寄件人、收件人名址、电话等联系方式和寄递物品的名称、类别、数量等,并核对有关信息填写完整后,准确标注快件的重量。

国务院邮政管理部门规定寄件人出具身份证明(证件)的,快递企业应当要求寄件人出示有效身份证件。寄件人拒不如实填写快递运单、拒不按照规定出示有效身份证件的,快递企业不予收寄。

寄件人应当按照相关要求填写快递运单,以确保字迹清楚、工整,运单各联字迹都应能清晰辨认;内件品名、种类、数量等信息填写准确;寄件人姓名、地址、联系方式,收件人姓名、地址、联系方式等内容填写完整;在确认阅读合同条款处签字。快递运单填写完成后,应当牢固粘贴在快件外包装上,保持快递运单完整性。

(2)分拣

根据《快递业务操作指导规范》第十五条规定,快递企业的快件处理场所及其设施设备应当满足附录二的要求。

快递企业应当加强对分拣场地的管理,严格执行通信保密规定,制定管理细则,严禁无关人员进出场地,实行封闭式作业,禁止从业人员私拆、隐匿、毁弃、窃取快件,确保快件的安全。

对快件的分拣作业应当在视频监控之下进行。

根据《快递业务操作指导规范》第十六条规定,快递企业在分拣前,应当对分拣场地和分拣设备进行检查,确保分拣场地整洁,无灰尘、无油污、不潮湿;分拣设施设备工作正常。

根据《快递业务操作指导规范》第十七条规定,快递企业应当根据车辆到达的先后顺序、快件参加中转的紧急程度,安排到达车辆的卸载次序;卸载完成后,应检查车厢各角落,确保无快件遗漏在车厢内。

(3) 投递

根据《快递业务操作指导规范》第二十八条规定,快递企业应当对快件提供至少2次免费投递。

每日15时以前到达投递网点的快件,宜在当日完成首次投递;每日15时以后到达投递网点的快件,宜在次日12时以前完成首次投递。

根据《快递业务操作指导规范》第二十九条规定,收派员应当根据自己的服务区域,按照最佳投递路线将快件按序整理装车,每次投递快件不宜超过10件。用摩托车或单车进行投递的,用捆绑带将快件固定,小件装入背包内。

投递前,收派员应当电话联系收件人,确认客户地址并且预约投递时间。

投递过程中,妥善放置其他未投递的快件,严禁委托他人投递和保管快件。

根据《快递业务操作指导规范》第三十条规定,收派员将快件交给收件人时,应当告知收件人当面验收快件。快件外包装完好,由收件人签字确认。如果外包装出现明显破损等异常情况,收派员应当告知收件人先验收内件再签收;快递企业与寄件人另有约定的除外。

对于网络购物、代收货款以及与客户有特殊约定的其他快件,快递企业应当按照国家有关规定,与寄件人(商家)签订合同,明确快递企业与寄件人(商家)在快件投递时验收环节的权利义务关系,并提供符合合同要求的验收服务;寄件人(商家)应当将验收的具体程序等要求以适当的方式告知收件人,快递企业在投递时也可予以提示;验收无异议后,由收件人签字确认。国家主管部门对快件验收另有规定的,从其规定。

根据《快递业务操作指导规范》第三十一条规定,收件人本人无法签收时,经收件人(寄件人)委托,可由其委托的代收人签收。代收时,收派员应当核实代收人身份,并告知代收人代收责任。

4.2 《禁止寄递物品管理规定》

2016年12月16日,国家邮政局联合公安部、国家安全部联合印发《关于发布〈禁止寄递物品管理规定〉的通告》。《禁止寄递物品管理规定》共17条,自发布之日起施行。

1. 适用范围

《禁止寄递物品管理规定》适用于在中华人民共和国境内提供和使用寄递服务活动以及相关监督管理工作。法律、行政法规以及国务院和国务院有关部门对禁止进出境物品另有规定的,适用其规定。

2. 相关快递业安全管理的主要内容

(1) 禁止寄递物品

根据《禁止寄递物品管理规定》第三条规定,本规定所称禁止寄递物品(以下简称禁寄物品),主要包括:

(一)危害国家安全、扰乱社会秩序、破坏社会稳定的各类物品;

(二)危及寄递安全的爆炸性、易燃性、腐蚀性、毒害性、感染性和放射性等各类物品;

(三)法律、行政法规以及国务院和国务院有关部门规定禁止寄递的其他物品。

具体禁寄物品详见附录《禁止寄递物品指导目录》。

(2) 禁寄物品或者疑似禁寄物品的处理

根据《禁止寄递物品管理规定》第十一条规定,寄递企业完成收寄后发现禁寄物品或者疑似禁寄物品的,应当停止发运,立即报告事发地邮政管理部门,并按下列规定处理:

(一)发现各类枪支(含仿制品、主要零部件)、弹药、管制器具等物品的,应当立即报告公安机关;

(二)发现各类毒品、易制毒化学品的,应当立即报告公安机关;

（三）发现各类爆炸品、易燃易爆等危险物品的,应当立即疏散人员、隔离现场,同时报告公安机关;

（四）发现各类放射性、毒害性、腐蚀性、感染性等危险物品的,应当立即疏散人员、隔离现场,同时视情况报告公安、环境保护、卫生防疫、安全生产监督管理等部门;

（五）发现各类危害国家安全和社会稳定的非法出版物、印刷品、音像制品等宣传品的,应当及时报告国家安全、公安、新闻出版等部门;

（六）发现各类伪造或者变造的货币、证件、印章以及假冒侵权等物品的,应当及时报告公安、工商行政管理等部门;

（七）发现各类禁止寄递的珍贵、濒危野生动物及其制品的,应当及时报告公安、野生动物行政主管等部门;

（八）发现各类禁止进出境物品的,应当及时报告海关、国家安全、出入境检验检疫等部门;

（九）发现使用非机要渠道寄递涉及国家秘密的文件、资料及其他物品的,应当及时报告国家安全机关;

（十）发现各类间谍专用器材或者疑似间谍专用器材的,应当及时报告国家安全机关;

（十一）发现其他禁寄物品或者疑似禁寄物品的,应当依法报告相关政府部门处理。

4.3 《邮件快件微剂量 X 射线安全检查设备配置管理办法（试行）》

《邮件快件微剂量 X 射线安全检查设备配置管理办法（试行）》(以下简称《办法》)于 2016 年 6 月 24 日经国家邮政局 2016 年第 7 次局长办公会议审议通过。

1. 适用范围

《办法》适用于邮政企业、快递企业及其他提供寄递服务的企业(以下统称寄递企业)用于邮件、快件安全检查的微剂量 X 射线安全检查设备(以下简称安检设备)的配置管理,以及邮政管理部门实施相关监督管理工作。

2. 有关快递业安全管理的主要内容

(1) 安检设备配置

根据《办法》第六条规定,寄递企业可以采取自主配置、联合配置或者委托第三方机构提供安检服务等方式配置安检设备。安检设备的配置应当满足以下要求：

（一）航空和高铁邮件、快件以及国际和港澳台邮件、快件全面过机安检；

（二）重点地区、重点部位、重大活动所在地的寄达邮件、快件再次过机安检；

（三）省际邮件、快件过机安检；

（四）根据需要配置省内及同城邮件、快件安检设备。

除前款第一项和第二项规定的邮件、快件外，对已签订安全协议的用户交寄的大宗邮件、快件，寄递企业与邮政管理部门签订安全责任书并报备安全协议，征求有关部门同意后，可以采取特定方式过机安检。

寄递企业应当结合业务发展实际，制订安检设备配置计划，确保满足安检设备配置要求。

根据《办法》第九条规定，安检设备应当至少具有双能量探测功能，能够有效区分有机物和无机物，并具备计数、存储、回放、数据上传等功能，图像资料保存时间不少于三十日。

鼓励寄递企业采用具有自动采集寄递详情单图像、码号信息，自动识别禁寄物品，能够关联存储、查询安全检查扫描图像、安全检查时间等功能的智能安检设备。

根据《办法》第十条规定，安检设备应当符合《微剂量 X 射线安全检查设备》（GB 15208-1994）系列标准规定的要求，其中设备的穿透力应当达到 A 类以上要求。

（2）安检设备使用

根据《办法》第十二条规定，寄递企业承担邮件、快件安全检查的主体责任，应当制定并严格执行安检设备使用、管理和维护规程。使用、管理安检设备必须执行定人、定机、定岗、定责制度，并强化对安检设备的定期检测和日常维护，确保安检设备正常运行。

寄递企业联合配置安检设备或者由第三方机构提供安检服务以及以其他方式配置安

图 2-6

检设备的,应当与相关单位或者机构商定各自的责任、权利与义务。

根据《办法》第十三条规定,寄递企业应当配备满足安检需要的安全检查人员操作安检设备,并对安全检查人员进行专门的教育和培训。

寄递企业应当对安全检查人员进行多种形式、不同等级的教育和培训,提升安全检查人员辨识禁寄物品的能力,并建立安全检查人员教育和培训档案,详细记载教育和培训情况。

(3) 安检设备管理

根据《办法》第二十一条规定,寄递企业的主要负责人对安检设备的配置、使用及管理工作全面负责。

根据《办法》第二十二条规定,寄递企业的安检设备管理机构或者管理人员应当履行下列职责:

(一) 组织制订本单位安检设备配置计划,提出配置要求;

(二) 督促落实本单位安检设备安装、定期检测、日常维护、维修、缺陷设备召回等事项;

(三) 组织或者参与制定本单位安检设备使用、管理的规章制度、操作规程和应急处置专项预案;

(四) 组织或者参与本单位安全检查人员的教育和培训工作,如实记录教育和培训情况;

(五) 检查本单位的安检设备运行状况,及时排查事故隐患。

根据《办法》第二十三条规定,寄递企业应当将本单位配置、使用安检设备的种类、型号、数量和安全检查人员配备等情况自安检设备安装完毕之日起二十日内报邮政管理部门备案。安检设备配置、使用情况发生重大变化的,应当自发生重大变化之日起二十日内重新报邮政管理部门备案。

4.4 《邮政企业、快递企业安全生产主体责任落实规范》

《邮政企业、快递企业安全生产主体责任落实规范》于2019年8月9日经国家邮政局2019年第11次局长办公会议审议通过。

(1) 主要内容

《邮政企业、快递企业安全生产主体责任落实规范》依据相关政策文件和上位法,坚持以人为本、生命至上,牢固树立安全发展理念,切实落实企业主体责任、政府部门监管责任和属地管理责任,有效预防和减少各类安全事故发生。从基础安全、设施设备安全和服务安全等层面对安全生产组织机构设置与人员配备、安全生产制度与资金投入、各环节操作规范、风险管控与应急管理等领域的企业主体责任进行详细规范,涵盖8个方面内容,共计56条。

(2) 组织机构和岗位职责

该部分明确规定了负责企业安全生产的领导、组织机构及其负责人、管理人员的任职条件、工作职责,并对全员安全生产责任制做出详细规定,要求安全生产主体责任制要实现横向到边、纵向到底、持续有效,覆盖企业安全生产的全环节、全对象、全生产周期,并施行动态管理。

(3) 安全管理制度

通过对法律法规中要求企业制定、与落实安全生产主体责任直接相关的规章制度进行系统梳理,确定了邮政企业、快递企业应当制定的12类安全生产规章制度。同时处于管理自适应性的考虑,要求企业能够随时根据不断完善更新的法律法规标准对企业内部规定要求进行适时调整,以及时将国家的最新要求落实到日常安全生产工作中,形成动态更新管理机制。

(4) 安全生产投入

安全生产工作的开展离不开资金的投入,鉴于目前企业安全生产投入较为薄弱,不清晰哪些可以列入安全生产费用使用范畴的实际问题,《邮政企业、快递企业安全生产主体责任落实规范》将10类费用列入安全生产费用的使用范围,并对安全生产资金投入、保险缴纳做出明确要求。

(5) 教育培训

该部分对企业安全生产教育培训的制度建设、体系构建、档案记录做出明确要求,详细规定了企业主要负责人、安全管理人员、从业人员、特殊作业人员教育培训的内容、时长及达到的培训效果。针对相关方管理薄弱问题,对相关方的教育培训做出明确规定,使教育培训真正实现全覆盖。

(6) 现场管理

该部分主要包含生产场所安全化、设施设备管理、落实"三项制度"、确保网络和信息系统安全、个人信息保护、相关方管理、保障劳动安全等内容。

(7) 安全风险管控及隐患排查治理

该部分内容主要聚焦企业安全生产的过程控制,对隐患排查、报告、治理、评估做出具体要求,防微杜渐,避免安全生产隐患的进一步扩大。

(8) 应急管理

该部分对应急救援的保障机制、预案编制与演练、事故报告处理做出明确要求,使企业进一步明晰在事故发生前、中、后期应采取的措施和报告的事项。

第三篇
行业管理

第一章 快递业务经营许可管理

企业经营快递业务需要取得快递经营许可,未经许可任何单位和个人不得经营快递业务;设立分支机构或者合并、分立的,应向邮政管理部门备案。企业及其分支机构可根据业务需要开办快递末端网点,开办末端网点同样需向邮政管理部门备案。

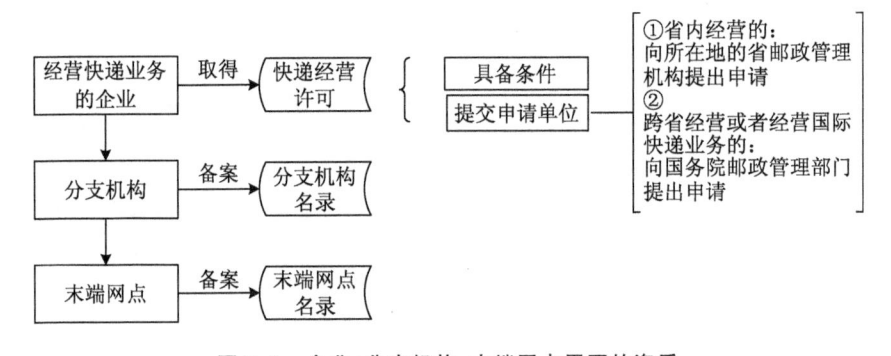

图 3-1 企业、分支机构、末端网点需要的资质

表 3.1 未取得相应资质需要承担的法律责任

违法行为	法律责任
未取得快递业务经营许可经营快递业务,或者邮政企业以外的单位或者个人经营由邮政企业专营的信件寄递业务或者寄递国家机关公文的	由邮政管理部门或者工商行政管理部门责令改正,没收违法所得,并处五万元以上十万元以下的罚款;情节严重的,并处十万元以上二十万元以下的罚款;对快递企业,还可以责令停业整顿直至吊销其快递业务经营许可证。①
未向邮政管理部门备案的	由邮政管理部门责令改正,可以处一万元以下的罚款;情节严重,处一万元以上五万元以下的罚款,并可以责令停业整顿。②
申请人申请快递业务经营许可时隐瞒真实情况、弄虚作假的	邮政管理部门不予受理或者不予批准,并给予警告,1年内不再受理其快递业务经营许可申请。

---

① 《中华人民共和国邮政法》第五十一条、第七十二条
② 《中华人民共和国邮政法》第五十一条、第七十三条

续表

违法行为	法律责任
以欺骗、贿赂等不正当手段取得快递业务经营许可的	由邮政管理部门依法撤销行政许可,处1万元以上3万元以下的罚款;申请人在3年内不得再次申请经营快递业务。
经营快递业务的企业伪造、涂改、冒用、租借、倒卖《快递业务经营许可证》或者邮政管理部门提供的备案文件的	由邮政管理部门处1万元以上3万元以下的罚款。[①]

第一节 快递业务经营许可

企业取得快递业务经营许可流程如图3-2:

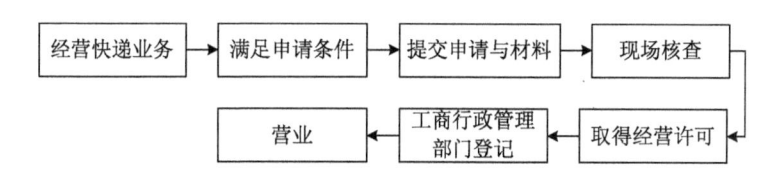

图3-2 取得快递业务经营许可流程

1.1 申请条件

取得快递经营许可需要满足以下条件:

(1) 符合企业法人条件;

(2) 在省、自治区、直辖市范围内经营的,注册资本不低于人民币五十万元;跨省、自治区、直辖市经营的,注册资本不低于人民币一百万元;经营国际快递业务的,注册资本不低于人民币二百万元;

(3) 有与申请经营的地域范围相适应的服务能力:[②]

① 与申请经营的地域范围、业务范围相适应的服务网络和信件、包裹、印刷品及其他寄递物品(以下统称快件)的运递能力;

[①] 《快递业务经营许可管理办法》第三十条
[②] 《中华人民共和国邮政法》第五十二条

②能够提供寄递快件的业务咨询、电话查询和互联网信息查询服务；

③收寄、投递快件的，有与申请经营的地域范围、业务范围相适应的场地或者设施；

④通过互联网等信息网络经营快递业务的，有与申请经营的地域范围、业务范围相适应的信息处理能力，能够保存快递服务信息不少于3年；

⑤对快件进行分拣、封发、储存、交换、转运等处理的，有封闭的、面积适宜的处理场地，配置相应的设备，且符合邮政管理部门和国家安全机关依法履行职责的要求。

此外，在省、自治区、直辖市范围内专门从事快件收寄、投递服务的，还应当与所合作的经营快递业务的企业签订书面协议或者意向书。

(4) 有严格的服务质量管理制度和完备的业务操作规范：

①服务种类、服务时限、服务价格等服务承诺公示管理制度；

②投诉受理办法、赔偿办法等管理制度；

③业务查询、收寄、分拣、投递等操作规范。

(5) 有健全的安全保障制度和措施：

①从业人员安全、用户信息安全等保障制度；

②突发事件应急预案；

③收寄验视、实名收寄等制度；

④快件安全检查制度；

⑤配备符合国家规定的监控、安检等设备设施；

⑥配备统一的计算机管理系统，配置符合邮政管理部门规定的数据接口，能够提供快递服务有关数据；

⑦监测、记录计算机管理系统运行状态的技术措施；

⑧快递服务信息数据备份和加密措施。[①]

(6) 法律、行政法规规定的其他条件。

1.2 提交申请与材料

快递业务经营许可申请分为三类：在省、自治区、直辖市范围内经营；跨省、

[①]《快递业务经营许可管理办法》第七条、第八条、第九条

自治区、直辖市经营;经营国际快递业务。

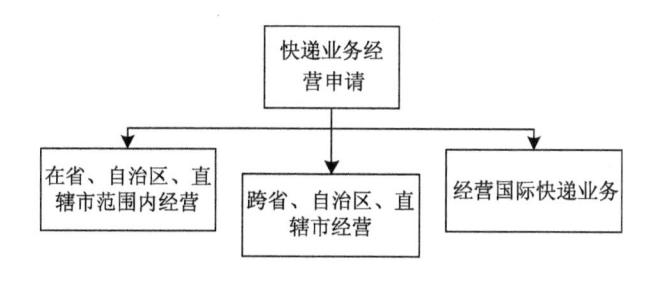

图 3-3 快递业务经营许可申请分类

(1) 提交部门

在省、自治区、直辖市范围内经营快递业务的,应当向所在地的省、自治区、直辖市邮政管理机构提出申请,跨省、自治区、直辖市经营或者经营国际快递业务的,应当向国务院邮政管理部门提出申请。①

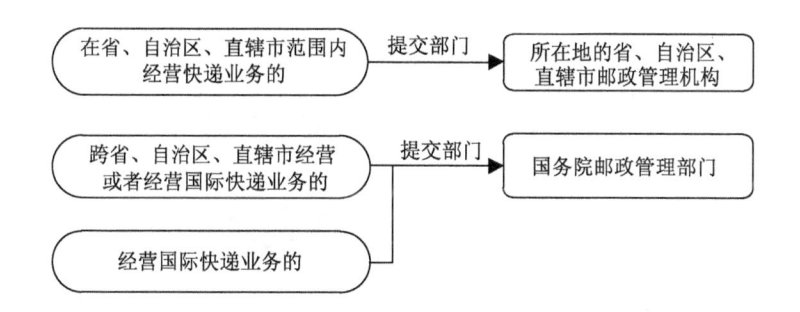

图 3-4 申请快递业务对应提交部门

申请时应当提交申请书和有关申请材料:
① 快递业务经营许可申请书;
② 企业名称预先核准材料或者企业法人营业执照;
③ 符合前面规定条件的情况说明;
④ 法律、行政法规规定的其他材料。②

(2) 网上申报

网上申报流程如图 3-5 所示:

---

① 《中华人民共和国邮政法》第五十三条
② 《快递业务经营许可管理办法》第十一条

经营许可申请书 → 股权结构 → 分公司（营业部）名录 → 子公司名录 → 材料清单

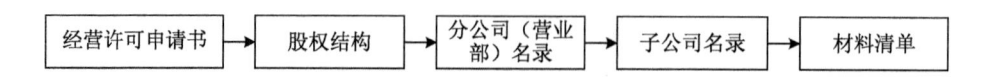

图 3-5　网上申报流程

① 用户登录快递经营许可系统进行注册，对快递业务许可进行申请；

图 3-6　快递业务申请界面

② 选择相应的许可证，点击"在线申请"按钮，进入《快递业务经营许可申请书》页面；

图 3-7　快递业务经营许可申请书页面

③ 填写完《快递业务经营许可申请书》后，进入"股权结构"页面，其中股东信息可录入多条；

④ 录入"股权结构"后,填写分公司(营业部)名录、子公司名录,加盟企业名录作为了解项一并提交;

⑤ 上传材料清单：

a. 企业名称预核准通知书或者企业法人营业执照

b. 企业法定代表人身份证明复印件

c. 企业法定场地使用证明

d. 安全保障制度和措施

e. 加盟合同协议或加盟意向书

图 3-8　材料清单

申请审批通过后,邮政管理部门会公示,如图 3-9 所示：

图 3-9　快递业务经营许可公告

1.3　现场核查

邮政管理部门在快递业务经营许可管理信息系统里查看到快递企业提交的申请后,会进行现场核查。

以南京市为例,南京市邮政管理局(邮安中心)查看到南京市快递企业的经营许可申请,会按照下表要求进行现场核查,核查通过后快递企业方可取得快递业务经营许可证。

表 3.2　现场核查内容

	营业场所	快递处理场所
服务能力	具有相应场地及车辆;具有快件(邮件)电话查询、跟踪查询;具备统一计算机管理系统。	① 快件处理场所应封闭; ② 配备相应的快件处理设备。
服务质量管理	应公示服务承诺、种类、营业时间、资费标准、投诉办法及损失赔偿办法。	
安保制度和措施	① 应具有收寄验视制度,具有保障收寄、运输、投递安全的制度; ② 应做好场地隔离,配置应急照明、烟雾报警器、不低于3A等级的灭火器、防毒口罩及长胶手套; ③ 应安装24 h监控设备,具备红外夜视功能,保证全覆盖;图像保存时间不少于30 d; ④ 应按规范要求在运输车辆上配备相应设备; ⑤ 制定应急预案并有专人管理安全工作。	

1.4　取证登记

(1)申请人凭快递业务经营许可证向工商行政管理部门依法办理登记后,方可经营快递业务。[①]

快递经营许可证分为三种,A证、B证、C证。

表 3.3　三种经营许可证区别

	区　别
A证	跨省经营国内快递,由国家邮政局颁发
B证	省内经营国内快递,由省邮政管理部门颁发
C证	国际快递,由国家邮政局颁发

---

① 《中华人民共和国邮政法》第五十三条

快递业务经营许可证(A 证)如图 3-10 所示：

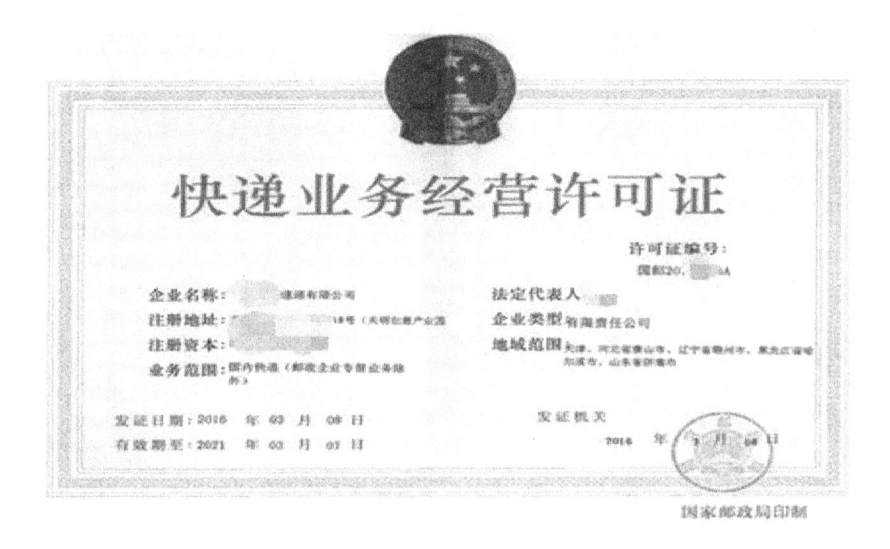

图 3-10　快递业务经营许可证(A 证)

快递业务经营许可证(B 证)如图 3-11 所示：

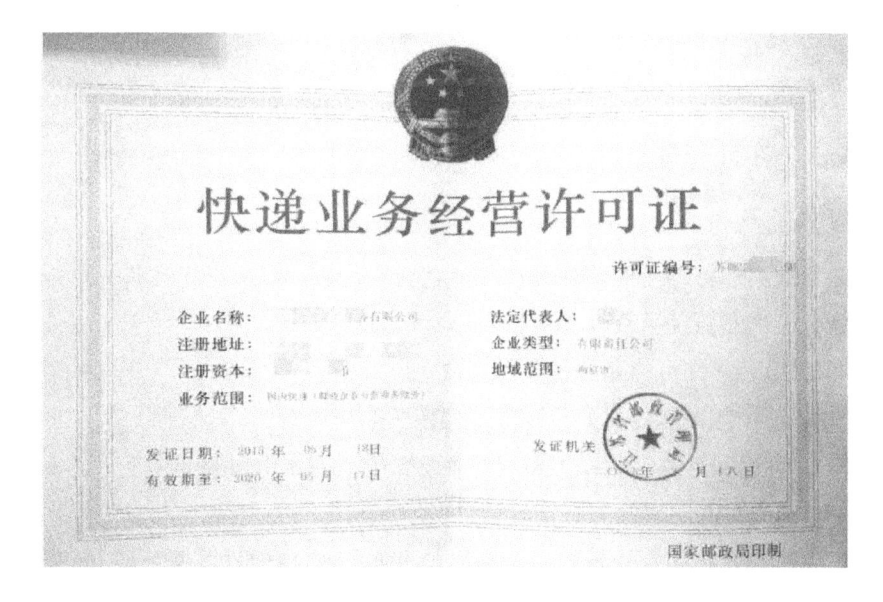

图 3-11　快递业务经营许可证(B 证)

快递业务经营许可证(C 证)如图 3-12 所示：

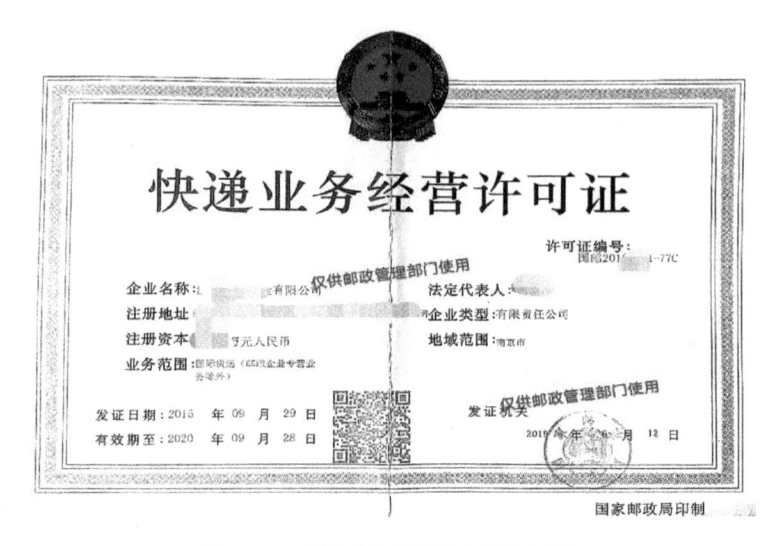

图 3-12　快递业务经营许可证（C 证）

（2）经营快递业务的企业应当自取得营业执照之日起三十日内,将下列材料报所在地公安机关备案:

① 快递经营者、从业人员以及运营车辆的基本情况;

② 企业分支机构、网点分布、隶属关系等;

③ 治安、消防安全设施配备情况。[①]

1.5　许可管理

（1）经营

经营快递业务的企业(含邮政快递企业和快递企业)应当在经营许可范围内依法从事快递业务经营活动,不得有下列行为:

① 超越经营许可的业务范围和地域范围经营;

② 超越经营许可的业务范围和地域范围委托经营;

③ 将快递业务委托给未取得快递业务经营许可的企业经营;

④ 出租、出借快递业务经营许可证。

经营快递业务的企业超越经营许可的业务范围和地域范围经营,超越经营许可的业务范围和地域范围委托经营,将快递业务委托给未取得快递业务经

---

① 《南京市邮政条例》第三十三条

许可的企业经营,或者出租、出借快递业务经营许可证的,由邮政管理部门责令改正,没收违法所得,处五千元以上三万元以下罚款;情节严重的,处三万元以上十万元以下罚款,并可以责令停业整顿直至吊销其快递业务经营许可证。①

(2) 变更

《快递业务经营许可证》记载事项发生变化的,经营快递业务的企业应当向作出行政许可决定的邮政管理部门提出申请;邮政管理部门依法办理变更手续。②

登录快递业务管理信息系统,办理变更手续。如图 3-13 所示:

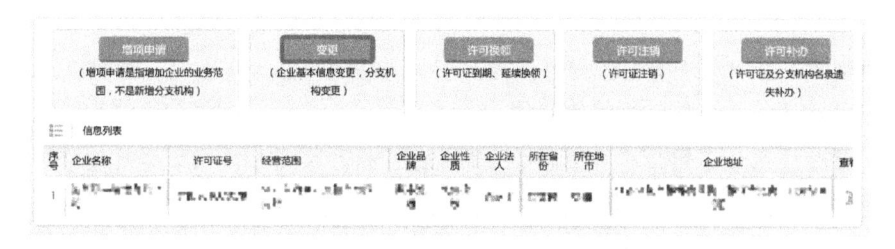

图 3-13　快递业务经营许可证变更

未进行变更手续,由邮政管理部门责令改正,可以处 1 万元以下的罚款。③

(3) 有效期延期

快递业务经营许可的有效期为 5 年。企业需要延续快递业务经营许可有效期的,应当在有效期届满 30 日前向作出行政许可决定的邮政管理部门提出申请;未在有效期届满 30 日前提出申请的,邮政管理部门可以不再受理。

登录快递业务管理信息系统,办理延期手续。如图 3-14 所示:

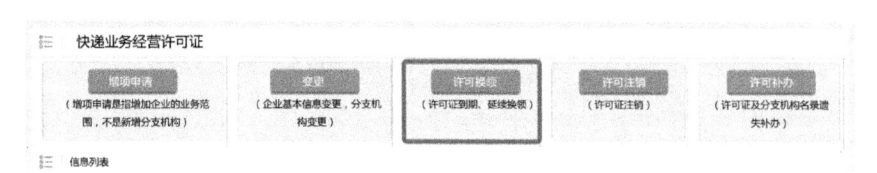

图 3-14　快递业务经营许可证换领

(4) 停止经营

经营快递业务的企业在快递业务经营许可有效期内停止经营的,应当提前

---

① 《江苏省邮政条例》第三十一条、第六十条
② 《快递业务经营许可管理办法》第十六条
③ 《快递业务经营许可管理办法》第三十一条

57

10日向社会公告，书面告知作出行政许可决定的邮政管理部门，交回《快递业务经营许可证》，并依法妥善处理未投递的快件。[①]

（5）注销与作废

注销

以下几种情况将会被注销快递业务经营许可：

① 快递业务经营许可有效期届满未延续的；

② 企业法人资格依法终止的；

③ 快递业务经营许可依法被撤销、撤回的，或者《快递业务经营许可证》依法被吊销的；

④ 法律、法规规定的其他情形。

登录快递业务管理信息系统，办理注销手续。如图3-15所示：

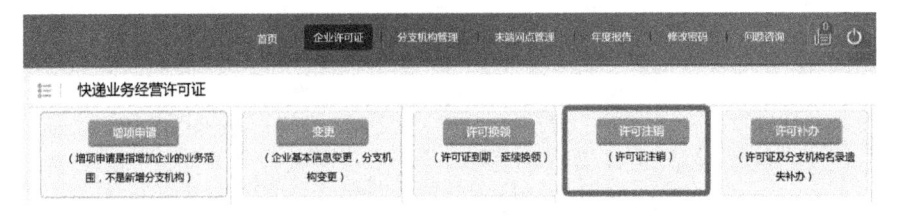

图3-15 快递业务许可注销

注销需要以下两个步骤：

① 填写经营许可证撤销申请书

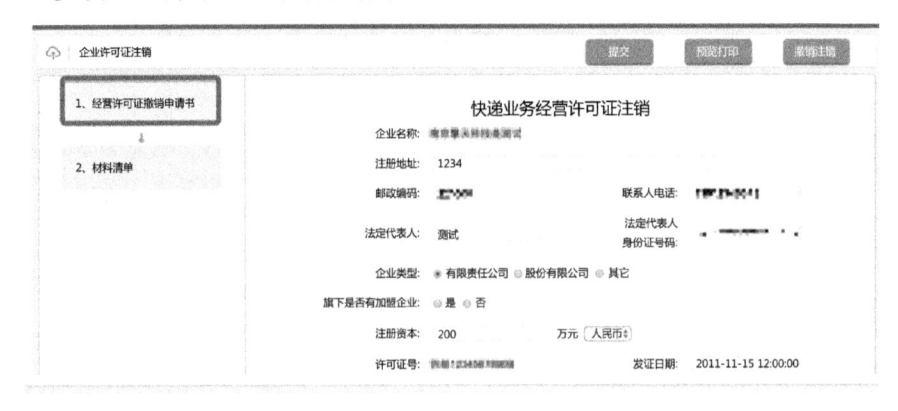

图3-16 快递业务许可证注销申请书

[①]《快递业务经营许可管理办法》第十七条、第二十条

② 提交材料：

a. 法定代表人身份证明

b. 代理人身份证明

c. 代表人签字的授权委托书原件

d. 快递业务经营许可证原件正本

e. 快递业务经营许可证原件副本

f. 分支机构名录

g. 按照国务院邮政管理部门的规定妥善处理尚未投递的快件的书面证明

具体如图 3-17 所示：

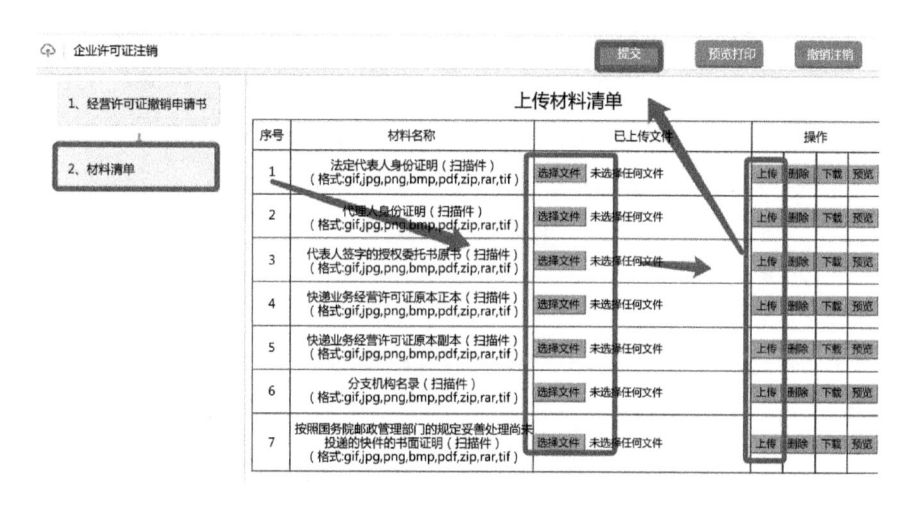

图 3-17　材料清单

作废

以下几种情况快递业务经营许可将被作废：

① 快递业务经营许可有效期内停止经营，主动交回《快递业务经营许可证》的；

② 快递业务经营许可有效期内停止经营超过 6 个月，被邮政管理部门责令交回《快递业务经营许可证》，但拒不交回或者逾期未交回的；

③ 国务院邮政管理部门规定的其他情形。[①]

[①] 《快递业务经营许可管理办法》第二十一条、第二十二条

第二节 分支机构

经营快递业务的企业设立分支机构或合并、分立的,应当向邮政管理部门备案,取得分支机构名录。

快递企业设立分支机构或合并、分立,未向邮政管理部门备案的,由邮政管理部门责令改正,可以处一万元以下的罚款;情节严重的,处一万元以上五万元以下的罚款,并可以责令停业整顿。[①]

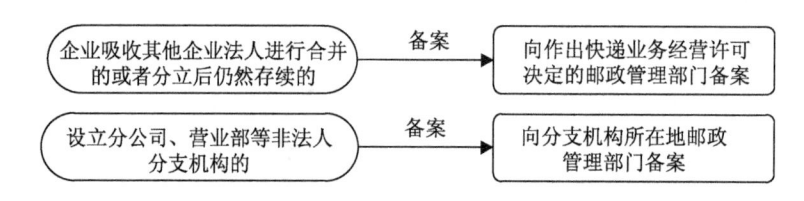

图 3-18 备案部门

经营快递业务的企业吸收其他企业法人进行合并的或者分立后仍然存续的,应当向作出快递业务经营许可决定的邮政管理部门备案。经营快递业务的企业设立分公司、营业部等非法人分支机构的,应当向分支机构所在地邮政管理部门备案,取得分支机构名录。[②]

(一)分支机构备案材料

(1)分支机构备案登记表(一式两份);

(2)企业法人的快递业务经营许可证(副本)及所附分支机构名录复印件;

(3)分支机构营业执照(副本)复印件;

(4)分支机构负责人身份证明复印件;

(5)法律、行政法规规定的其他材料。

(二)分支机构备案步骤

(1)注册分支机构账号

---

① 《中华人民共和国邮政法》第七十三条

② 《快递业务经营许可管理办法》第二十三条

如已有分支机构账号,可跳过这一步,如没有分支机构账号,请按照以下操作注册分支机构账号。

分支机构账号注册地址:https://zwfw.spb.gov.cn/index?type=gb&flag=false

流程如下:

① 填写法人企业的法人姓名,许可证号,点击验证,会自动读取出法人企业下的所有分支机构;

② 选择要注册账号的分支机构;

③ 输入账号密码,点击提交。

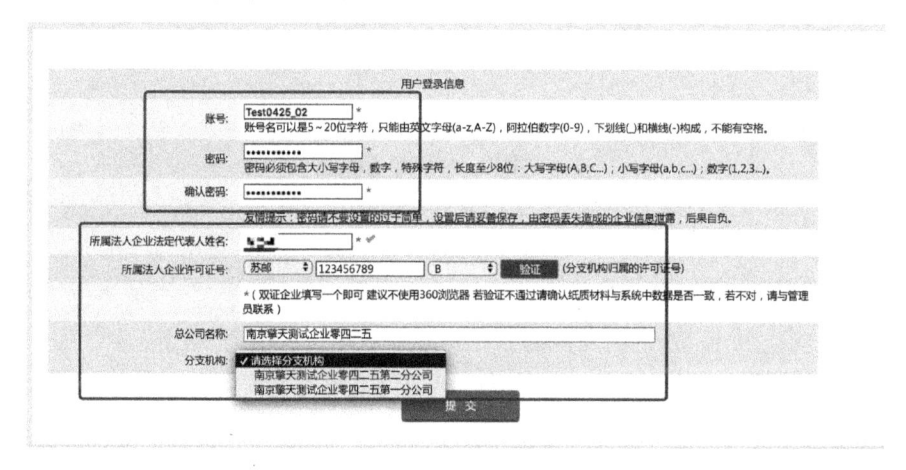

图 3-19　注册

(2) 登录

登录界面如下:

图 3-20　登录

(三) 现场核查

邮政管理部门在快递业务经营许可管理信息系统里查看到快递企业提交的

申请后,会进行现场核查。具体要求见表3.2(见第一章第一节1.3)。

(四) 分支机构名录管理

分支机构名录作废的情况:

① 经营快递业务的企业撤销分支机构或者依法变更分支机构的经营范围取消快递业务的;

② 经营快递业务的企业设立分支机构向邮政管理部门备案时隐瞒真实情况、弄虚作假的;

③ 分支机构停止经营快递业务超过6个月的;

④ 分支机构被吊销营业执照或者被国家机关依法责令关闭、关停的;

⑤ 法律、行政法规和国务院邮政管理部门规定的其他情形。[①]

第三节 末端网点

经营快递业务的企业及其分支机构可以根据业务需要开办快递末端网点,并应自开办之日起20日内向快递末端网点所在地邮政管理部门备案。经营快递业务的企业及其分支机构对其开办的快递末端网点承担服务质量责任和安全主体责任。[②]

登录系统后,点击末端网点管理—末端网点备案—新备案,如图3-21所示:

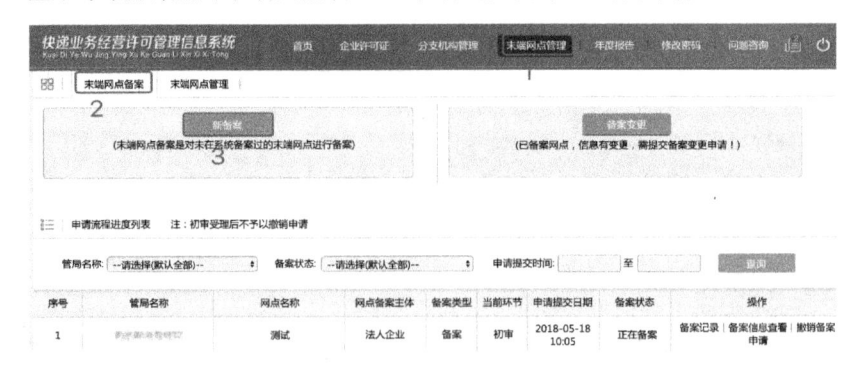

图3-21 网上备案

---

① 《快递业务经营许可管理办法》第二十四条

② 《快递业务经营许可管理办法》第二十五条

点击"新备案"后,填写快递末端网点备案信息表、上传材料,见图3-22：

图 3-22 备案信息表

快递末端网点信息填写如图3-23：

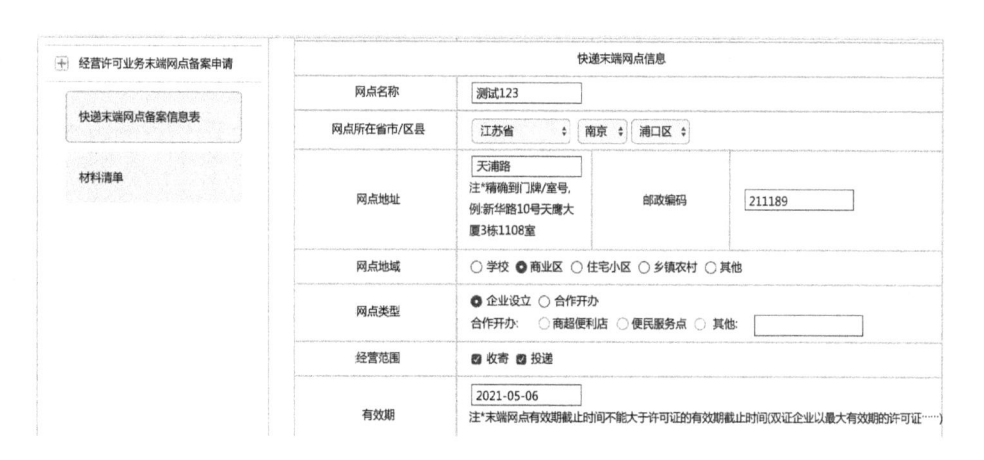

图 3-23 备案信息填写

并且上传材料：

① 快递末端网点备案信息汇总表；

② 备案主体营业执照扫描件；

③ 快递末端网点负责人身份证明扫描件；

④ 末端网点场地图像资料；

⑤ 邮政管理部门规定的其他资料。

序号	材料名称	已上传文件	操作
1	快递末端网点备案信息汇总表 (格式:gif,jpg,png,bmp,pdf,zip,rar,doc,docx)	快递末端网点备案信息汇总表.docx	上传 删除 下载 预览
2	备案主体的营业执照扫描件 (格式:gif,jpg,png,bmp,pdf,zip,rar)	备案主体的营业执照扫描件.zip	上传 删除 下载 预览
3	快递末端网点负责人身份证扫描件 (格式:gif,jpg,png,bmp,pdf,zip,rar)	快递末端网点负责人身份证明扫描件.zip	上传 删除 下载 预览
4	末端网点场地图像资料(包含门头和店内环境的图片或者视频，20M以内) (格式:jpg,png,MP4,avi,mov,zip,rar)	末端网点场地图像资料.zip	上传 删除 下载 预览
5	邮政管理部门规定的其他材料 (格式:gif,jpg,png,bmp,pdf,zip,rar)	邮政管理部门规定的其他材料.zip	上传 删除 下载 预览

图 3-24　备案材料

注：

① 网点名称不可重复；

② 末端网点所在省市/区县请勿选错，流程根据选择的注册地市提交对应的邮政管理局，例如注册地在江苏南京，末端网点备案流程则提交至南京市邮政管理局，如果注册地在广东广州，末端网点备案流程则提交至广州市邮政管理局；原则上备案主体必须与末端网点在同一个地市；

③ 营业场所地址务必精确到门牌号；

④ 邮政编码请正确填写 6 位数字；

⑤ 网点地域和网点性质都为单选项，根据实际情况选择；

⑥ 经营范围，可单选也可双选，根据实际情况选择；

⑦ 监控摄像头、存放货架、快递服务组织标识、通信设备根据实际情况选择；

⑧ 张贴材料为多选，也可选择单个，根据实际情况选择；

⑨ 网点负责人信息务必填写真实信息，信息不真实会影响备案流程审批结果。

第二章　快递业场地管理

第一节　技术要求

1.1　快件处理场所

快件处理场所：快递服务组织专门用于快件分拣、封发、储存、交换、转运、投递等活动的场所。

图 3-25　快递处理

(1) 选址要求

企业应根据快件流向、建设条件、区域规划、环境保护、土地供应等因素，综合确定快件处理场所选址：

① 远离易燃、易爆等危险源，避免扰民，优先选择各类物流、快递园区；

② 土地产权或使用权清晰，符合所在地规划要求；

③ 选择交通运输较为便捷的地点，宜靠近当地高速公路、机场、铁路等主要

交通运输中心,有方便快件运输车辆进出处理场所的道路;

④ 周围环境应满足快递安全和环境保护的要求;

⑤ 具有适合工程建设的工程地质条件和水文地质条件,规避灾害风险;

⑥ 有较为完善的供电、通信、供排水、供气、供热(北方)等配套基础设施;

⑦ 具有航空快件处理功能的快件处理场所,应符合机场总体规划安排,宜靠近机场跑道;

⑧ 具有国际快件处理功能的快件处理场所,应具备便利海关监管和检验检疫等条件。

(2) 场所构成

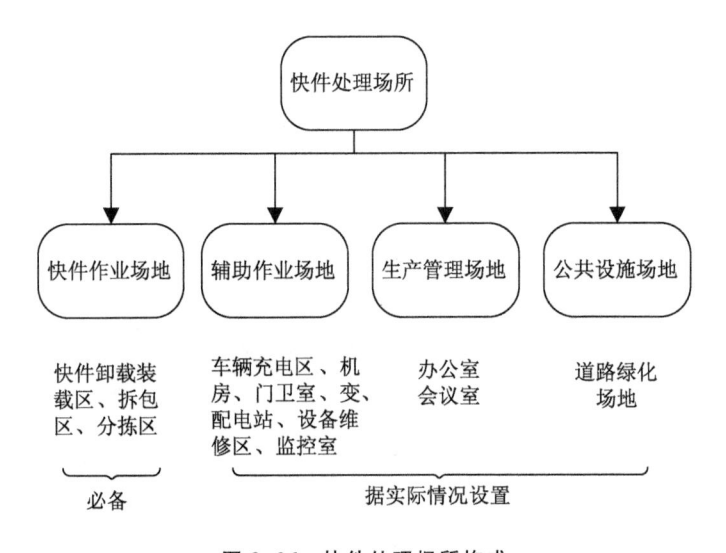

图 3-26 快件处理场所构成

快件处理场所由下列场地构成:

① 快件作业场地:直接用于快件处理的场地,例如快件卸载装载区、拆包区、分拣区等;

② 辅助作业场地:为快件处理提供辅助功能的场地,例如车辆充电区、机房、门卫室、变、配电站、设备维修区等;

③ 生产管理场地:为快件处理提供管理功能的场地,例如办公室、会议室等;

④ 公共设施场地:场所内共同享用的其他场地,例如道路绿化场地等。

所有快件处理场所均应具备快件作业场地,不同规模的快件处理场所可根据实际选配辅助作业场地、生产管理场地和公共设施场地。

(3) 场所面积

快件处理场所的总面积包括快件作业场地面积、辅助作业场地面积、生产管理场地面积和公共设施场地面积。

快件处理场所面积的确定应考虑快件量、组织模式、作业流程、设备配置场所功能等因素。

① 快件作业场地可按1～2层建筑布局,也可按照多层建筑进行布局;面积可根据高峰时快件处理量及单位面积处理快件量,并预测未来3～5年的业务增幅进行计算,同时考虑停车位数量、接驳干线数量、连接网点数量等因素;

② 辅助作业场地面积、生产管理场地面积应根据需要确定;

③ 公共设施场地中的道路,其路网密度、道路宽度可根据车流量分析确定,并能满足高峰时期车辆通行要求。

(4) 总平面设计要求

快件处理场所总平面设计应至少满足以下要求:

① 快件处理场所应为用围墙隔离的独立空间,外部应有统一的企业名称和标识;

② 快件处理场所宜设置2个通往外部道路的出入口,且有明显标识;

图3-27 安全出口标识

③快件处理场所应根据实际,合理布局快件作业场地、辅助作业场地和生产管理场地,紧凑设计,充分利用场地资源;

④ 快件处理场所可由建筑群组成,也可为单体建筑。如为建筑群,各场地应统一规划、有效分割,尽量减少建筑物数量;如为单体建筑,各场地应进行物理隔离;

⑤ 快件作业场地应便于自然通风与采光,四周设置环形通道,便于快件装卸;

⑥ 快件处理场所内部道路应实现行人与车辆分离、生产车辆与非生产车辆分离;如有室外作业的,应配建必要的作业场坪,并配建避风雨、日晒的作业棚。

图 3-28　快件处理场所作业棚

(5) 功能分区

快件作业场地功能区可包括称重区、停车/回车区、卸载/装载区、拆包区、安检区、分拣区、建包区、异常快件处理区、物料存放区、员工休息区等。快递服务组织可根据作业模式以及场地所具备的功能进行选配。

快件作业场地功能区设置与布局,应与快件处理流程相匹配,便于快件操作,并在每个功能区设置标识,具体布局满足表 3.4 要求:

表 3.4　快件作业场地功能区设置与布局要求

	要　求
除称重区、停车/回车区、员工休息区外,其他功能区	应相邻设置,与外界具有隔离措施,宜设置门禁系统和查验门岗,配备安检门和金属探测仪,对出入人员进行检查,防止无关人员进入
功能区隔离	各功能区应采取画线方式或物理隔离方式进行分割,其中异常快件处理区应进行物理隔离
走道设置	快件作业场地内部应合理设置走道,实现人车分离,走道宽度应为 1.5 m~2 m;采用辅助设备运送快件的,内部走道宽度不宜小于 2 m

① 称重区

快件称重区的设计应满足以下要求：

——如需对整车进行称重，可设置专门的称重区，配备地磅等称重设备，并张贴明显的车辆减速、称重等标识；

——称重区可设置于快件处理场所入口处，或与卸载/装载区合并设置。

② 停车/回车区

作业车辆停车/回车区的设计应满足以下要求：

——宜临近卸载/装载区布置；

——应按车型确定停车/回车区的尺寸，满足车辆回转要求；

——停车区车位数量应按高峰时车流量计算确定，车位尺寸应符合装载车辆停放要求；

——采用封闭场地作为停车/回车区的，出入口应分别设计，其净距应大于 10 m；如无条件分设，进出通道的宽度不应小于 7 m；车辆出入口应设置车辆进出引导标识及控制设施；

——场地荷载设计值应满足车辆停靠、行驶的承载要求；

——应设置机动车限速标志，防撞、缓冲设施以及反向镜等。

图 3-29　停车区

③ 卸载/装载区

卸载/装载区的设计应满足以下要求：

——卸载区和装载区不宜同向设计；

——宜在卸载/装载区安装雨棚，并设置月台，月台高度应与车厢高度相匹配，宜为0.6 m～1.2 m；未设置月台的，应配备爬坡机等设备；

——应设置机动车限速标志和减速带；

——严寒地区和气象灾害严重地区宜采用室内装卸站台；

——作业卡口应满足高峰时期车辆装载泊位需求；

——应在卸载/装载区设置码货区域和大件物品暂存区。

图 3-30　装卸区

④ 安检区

安检区的设计应满足以下要求：

——安检机宜与分拣流水线紧密衔接；

——航空和高铁邮件、快件，以及国际等邮件、快件应保证100%过机安检，其他邮件、快件过机安检率应符合相关规定；

——快递企业应按照前一条的要求，根据用户类型、邮件快件处理数量(出口)、业务组织模式等因素，合理确定分拣场所微剂量X射线安全检查设备的配置数量；

——应配备穿透力达到A类以上的安检设备。

⑤ 分拣区

分拣区是快件作业场地的核心功能区，其设计应满足以下要求：

——对各类快件业务量及流向进行调查分析，确定场地分拣处理能力，明确

图 3-31　安检区

各类快件的机械化、自动化或手工操作方式；
——根据确定的分拣工艺,对分拣区进行合理规划布局,确保快件运输传送衔接、设备配套、工艺流程便捷顺畅；
——按快件目的地,科学设置分拣卡位,且标识清晰准确；
——设置应急通道,便于进行紧急疏散；
——可配置笼车、托盘、地牛等作业设备。

图 3-32　分拣区

1.2 营业场所

快递营业场所指快递服务组织用于提供快件收寄、投递及其他相关末端的场所。

图 3-33 快递营业场所

(1) 分类

快递营业场所分为自有营业场所与合作营业场所两类。

自有营业场所：快递服务组织利用自有产权或通过购买、租赁等形式获得房屋使用权，并独立开展快递及相关业务的营业场所。

合作营业场所：快递服务组织通过与其他单位或组织合作，开展快递及相关业务的营业场所。

分类示意图如图 3-34。

(2) 建设要求

① 具有固定的独立空间；

② 基本型营业场所应包括业务接待区和暂存区，两者应物理分隔；

③ 拓展型营业场所在基本型营业场所的基础上，增加独立的操作、停车及装卸、充电等功能区；

④ 基本型营业场所面积不应小于 15 m²，拓展型营业场所面积不应小于 30 m²，且营业场所的面积应与快递业务量大小相适应；

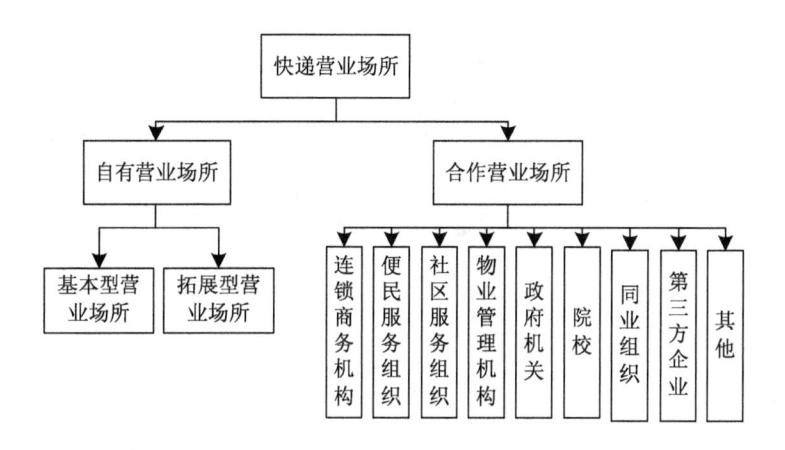

图 3-34 快递营业场所分类

⑤ 同一服务品牌的快递服务组织,其快递营业场所的设计应保持统一风格;

⑥ 符合国家对于营业场所其他方面的要求。

(3) 营业场所功能分区

自有营业场所应根据现场实际,在场所内划分接待、暂存、操作、停车及装卸、充电等相关功能区域,各功能区域可用标线进行分隔,保持出入畅通,方便人员、车辆及快件的进出。

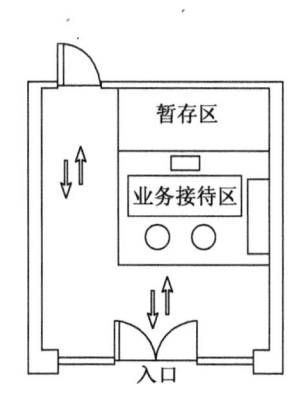

图 3-35 营业场所功能分区图

① 业务接待区

业务接待区应满足如下功能或要求:

——向用户提供业务咨询；

——便于用户填单、等候或提取快件；

——用于快件的交寄、接收、验视、封装、称重和信息采集等。

图 3-36　业务接待区

② 暂存区

暂存区应满足如下功能或要求：

——用于临时存放快件；

——文件类和物品类应分开存放；

——揽收件和投递件应分开存放；

——错发件、无着快件、破损件、损毁件等异常快件应分别存放。

③ 操作区

操作区应满足如下功能或要求：

——依据流向对揽收件和投递件进行分拣处理；

——对揽收件进行打包处理；

——可对打包件进行整体称重；

——满足特殊业务处理要求。

④ 停车及装卸区

停车及装卸区应满足如下功能或要求：

——设置车辆减速、限速标志;

——设立机动车和非机动车停靠区域标线;

——方便停车和进行快件装卸操作;

——满足车辆停放整齐等相关要求。

⑤ 充电区

充电区应满足如下功能或要求:

——用于对电动车辆进行充电;

——应与其他区域隔离;

——应防止人身触电;

——应具有防火防爆的安全措施。

⑥ 其他

快递营业场所可根据自身业务特点及发展需求,设置其他功能区域:

——用于存放物料、消防器材等物品的区域;

——用于商品展示、业务推广的区域;

——用于用户体验的区域;

——用于员工休息的区域等。

第二节 设施设备要求

快递企业应按照相关法律法规规定,以人防、物防、技防相结合为原则,配置相关安全生产设备,保障生产经营安全。所配置的安全生产设备,其技术参数和性能指标应符合国家或行业相关标准的规定。快递企业应加强对安全生产设备的管理,建立设备管理档案,开展设备操作培训,确保设备发挥安全保障作用。

2.1 总体设施设备

快递企业设置的处理场所应当封闭,且面积适宜;配备相应的符合国家标准的处理设备、监控设备和消防设施;对快件处理场所进行合理分区,并设置异常快件处理区和贵重快件保管区;保持整洁,并悬挂企业标识;快件处理场所的设计和建设,应当符合国家安全机关和海关依法履行职责的要求。

快件处理场所的面积和设施设备配备宜参照表3.5标准。

表3.5 快件处理场所的面积和设施设备配备

年快件处理量（万件）	面积	设施设备
50	不少于200 m²	分拣格、称重台、工具架、托盘、电脑、视频监控系统
500	不少于2 000 m²	除上述设备外,还应具备:货物搬运设备(例如手推车)、条码识读器、安全检查设备(例如X光机)
1 000	不少于4 000 m²	除上述设备外,还应具备:门禁系统、半自动皮带输送设备
2 000	不少于8 000 m²	除上述设备外,还应具备:快件半自动或自动分拣系统、远程影像监控系统
3 000	不少于10 000 m²	除上述设备外,还应具备:叉车、快件自动分拣系统、场所统一指挥调度系统
4 000以上	不少于15 000 m²	等同于年处理量3 000万件的处理场所

注:所有快件处理场所面积均不应少于50 m²。

2.2 其他设施设备要求

表3.6 其他设施设备要求

	营业场所	处理场所
消防设备	① 消防设备与场所面积相适应。② 其中,灭火器的类型和数量应按照GB 50140的要求,以A类(固体火灾)、民用建筑严重危险级为基准进行配备。设置醒目的防火标志,消防通道、安全出口符合紧急疏散要求,标志明显并保持畅通。	
隔离设备	① 安装金属门。② 业务接待区和其他区域应进行物理隔离。③ 充电区应与其他区域进行物理隔离,并具有防火防爆等设备。	与外界相通的窗口、通风口安装金属栅栏。① 采用围墙与外界进行隔离。② 配备栅栏或隔离桩等设备,实现人车分流。③ 入口前10 m以外应设置机动车限速标志和机动车减速带,车辆进入通道宜设置升降式机动车阻挡装置。④ 分拣区宜设置门禁系统和查验门岗,配备安检门和金属探测仪,对出入人员进行检查,防止无关人员进入。⑤ 分拣区和办公区、员工生活区之间应配备隔离装置,进行物理隔离。

续表

		营业场所	处理场所
	监控设备	① 安装全面覆盖、具有红外夜视功能的视频监控摄像头。 ② 内部、充电区、停车与装卸区等部位应安装视频监控摄像头。	视频监控摄像头全天候运转,能显示人员的活动情况,面部特征的有效画面不少于监视显示画面的 1/60,能有效识别寄递物品的主要特征,实现移动侦测,图像资料保存时间不少于 30 天。 ① 处理场所与外相通的各出入口、停车场等部位应安装视频监控摄像头。 ② 处理场所内部应安装视频监控摄像头,且应实现对主要生产作业区域全覆盖。 ③ 应设置专门的安全监控室,专人负责,全天候实时监控。 ④ 视频监控图像和数据应实现与邮政管理部视频监控系统联网联通。
	安检设备	特殊地区的营业场所,可根据需要配备微剂量 X 射线安全检查设备。	① 处理场所应配备微剂量 X 射线安全检查设备,应满足 GB 15208 的要求。 ② 航空和高铁邮件、快件,以及国际等邮件、快件应保证 100% 过机安检,其他邮件、快件过机安检率应符合相关规定。 ③ 快递企业应按照相关的要求,根据用户类型、邮件快件处理数量(出口)、业务组织模式等因素,合理确定分拣场所微剂量 X 射线安全检查设备的配置数量。
	报警设备	① 应安装烟雾报警器。 ② 营业场所邮件、快件交付领取区域以及现金收付柜台宜安装紧急报警系统。	周边宜安装入侵探测报警系统。 内部应安装报警器。
	其他	配备防毒口罩、长胶手套等安全防护用品。	安装自动应急照明设备。 ① 安装防漏电和过载保护装置。 ② 处理场所应在分拣设备以及其他作业设备附近,设置显著的安全警示牌。分拣设备的动力部件,以及滚轴、滑轮等传动部件应安装隔离保护设备,跨越处应设置带护栏的人行跨梯。 ③ 设置安全设备警示标识且准确、清晰。 ④ 配备防毒面具、紧急救助医疗箱等。 ⑤ 特殊地区的处理场所应配备警用防爆罐、警用防爆毯等。 ⑥ 应设置单独的应急隔离区,专门用于可疑危险品的处理。①

---

① 《邮政业安全生产设备配置规范》5、6

2.3 运输车辆

(1) 干线运输车辆安全生产设备配置

干线运输车辆安全生产设备配置应满足以下要求:

① 应配备车载定位系统;

② 应配备倒车影像装置;

③ 驾驶室应配备两个 2 kg 以上的干粉灭火器;

④ 驾驶室宜配备远程视频监控设备;

⑤ 宜配备驾驶员身份认证装置和驾驶安全警示装置;

⑥ 货箱应安装锁闭装置;

⑦ 货箱宜配备阻燃箱。

(2) 揽投车辆安全生产设备配置

揽投车辆安全生产设备配置应满足以下要求:

① 应为封闭车厢,避免邮件、快件裸露在外;

② 应安装锁闭装置;

③ 邮政、快递专用电动三轮车宜配备车载定位系统;

④ 快递专用电动三轮车的其他安全配置应满足 YZ/T 0136 相关要求,其中要求最高车速应不大于 15 km/h,只允许乘坐驾驶人 1 人。

第三章　协议客户管理

第一节　概念与原则

协议服务,是指提供寄递服务的企业向协议用户提供的邮件、快件寄递服务。

协议用户,是指委托快递企业长期、批量提供寄递服务,并与其签订安全保障协议的法人或者其他组织。[①]

寄递企业协议服务安全管理坚持安全第一与便民高效相结合原则。

图 3-37

第二节　协议客户安全管理要求

2.1　签订安全保障协议

(1)寄递企业与用户签订安全保障协议前,应当对其中企业用户的经营范

[①] 《邮件快件寄递协议服务安全管理办法(试行)》第三条

围进行审查,发现企业用户生产、销售的主要产品属于禁止寄递物品的,不得为其提供协议服务。寄递企业发现用户曾因交寄违禁物品被行政机关处罚的,不得为其提供协议服务。

(2)签订安全保障协议时,用户应当出示可以证明其法人或其他组织身份的证件,以及法定代表人或者相关负责人的身份证件,寄递企业核对后留存证件复印件。用户不出示有效证件或者拒绝寄递企业留存复印件的,寄递企业不得与其签订安全保障协议和提供协议服务。

(3)协议用户应当在安全保障协议中承诺遵守法律、行政法规、国务院和国务院有关部门关于禁止寄递、限制寄递物品的规定。[①]

2.2 寄递过程中安全管理

(1)寄递企业应当告知协议用户遵守国家关于禁止寄递、限制寄递物品的规定,不得通过寄递活动危害国家安全、公共安全和公民、法人及其他组织的合法权益。

(2)寄递企业应当在协议用户在场的情况下,当面验视交寄物品,检查是否含有国家禁止或者限制寄递的物品,物品的名称、类别、数量等是否与寄递详情单所填写内容一致。对不能确定安全性的可疑物品,寄递企业应当要求协议用户出具相关部门的安全证明。协议用户不能出具安全证明的,不予收寄。

(3)寄递企业对于协议用户交寄的邮件、快件,可以通过在安全保障协议中实名登记身份信息,实现批量实名。

(4)寄递企业对于协议用户交寄的航空和高铁邮件、快件,寄往重点地区、重点部位、重大活动所在地和国际、港澳台邮件、快件,以及国务院邮政管理部门有明确要求的,必须全面过机安检。

(5)寄递企业与邮政管理部门签订安全责任书并报备安全协议,征求有关部门同意后,可以对协议用户交寄的大宗邮件、快件,采取特定方式过机安检。寄递企业应当建立大宗邮件、快件过机安检档案,档案中载明每批次邮件、快件的品名、属性、数量,寄递详情单的号段,抽样比例,样品单号等内容。

(6)寄递企业应当建立协议用户档案,档案中应当包含安全保障协议、协议

[①] 《邮件快件寄递协议服务安全管理办法(试行)》第五条、第六条、第七条

用户的详细信息及证明材料等。协议用户信息发生变化时,寄递企业应当及时更新档案内容。寄递企业应当加强对协议用户档案的安全管理,落实信息安全保障措施,加强从业人员教育管理,妥善保管用户信息,确保协议用户信息安全。

(7) 寄递企业应当将安全保障协议报邮政管理部门备案。协议用户发生调整的,寄递企业应当自发生调整之日起二十日内将调整后的安全保障协议报邮政管理部门备案。[①]

[①] 《邮件快件寄递协议服务安全管理办法(试行)》第十至第十八条

第四章 快递业安全生产管理

第一节 政策要求与意义

1.1 政策要求

早在新中国成立初期,我国就开始了安全生产标准化的研究和建设工作。2004年,国务院发布《国务院关于进一步加强安全生产工作的决定》(国发〔2004〕2号),提出"在全国所有的工矿、商贸、交通运输、建筑施工等企业普遍开展安全质量标准化活动"。为了贯彻落实国发〔2004〕2号文件,国家安全生产监督管理总局下发了相关指导文件,并陆续在煤矿、金属非金属矿山、危险化学品、烟花爆竹、冶金、机械等行业开展了安全生产标准化创建活动,有效地提升了企业的安全生产管理水平。

《国务院关于进一步加强企业安全生产工作的通知》(国发〔2010〕23号)第7条指出:"全面开展安全达标。深入开展以岗位达标、专业达标和企业达标为内容的安全生产标准化建设,凡在规定时间内未实现达标的企业要依法暂扣其生产许可证、安全生产许可证,责令停产整顿;对整改逾期未达标的,地方政府要依法予以关闭"。

2011年5月3日,国务院安委会下发了《国务院安委会关于深入开展企业安全生产标准化建设的指导意见》(安委〔2011〕4号),要求全面推进企业安全生产标准化建设,进一步规范企业安全生产行为,改善安全生产条件,强化安全基础管理,有效防范和坚决遏制重特大事故发生。

《安全生产法》中表示生产经营单位必须遵守本法和其他有关安全生产的法律、法规,加强安全生产管理,建立、健全安全生产责任制和安全生产规章制度,改善安全生产条件,推进安全生产标准化建设,提高安全生产水平,确保安全生产。

1.2 安全生产标准化意义

(1) 开展安全生产标准化工作是企业建立安全生产长效机制,实现安全生产状况稳定好转的根本保障。安全生产标准化工作旨在企业对自身的生产经营活动,从制度、规章、标准、操作、检查等各方面,制定具体的规范和标准,使企业的全部生产经营活动实现规范化、标准化,提高企业的安全素质,最终能够达到强化源头管理的目的。

(2) 开展安全生产标准化工作是落实企业安全生产主体责任的重要举措。安全生产标准化工作要求生产经营单位将安全生产责任从生产经营单位的法定代表人开始,逐一落实到每个从业人员、每个操作岗位,强调企业全部工作的规范化和标准化,强调真正落实企业作为安全生产主体的责任,从而保证企业的安全生产。

(3) 开展安全生产标准化工作是促进安全生产形势稳定好转,实现长治久安的根本途径。开展安全生产标准化活动是夯实基础、狠抓落实的治本之策,是全面提升企业本质安全、有效防范生产安全事故、促进安全生产形势稳定好转的根本保证。

(4) 开展安全生产标准化工作是防范事故发生和免受责任追究的最有效办法。由于标准化工作把企业的"人、机、环境"安全三要素的每个要素都作了规范,对企业生产经营的全员、全过程、全方位都有明确的制度约束。企业的方方面面都有章可循、有标准对比了,就必然有效减少甚至杜绝事故,尤其是重特大事故发生。

第二节 安全生产标准化体系

安全生产标准化,是指通过建立安全生产责任制,制定安全管理制度和操作规程,排查治理隐患和监控重大危险源,建立预防机制,规范生产行为,使各生产环节符合有关安全生产法律法规和标准规范的要求,人(人员)、机(机械)、料(材料)、法(工法)、环(环境)、测(测量)处于良好的生产状态,并持续改进,不断加强企业安全生产规范化建设。

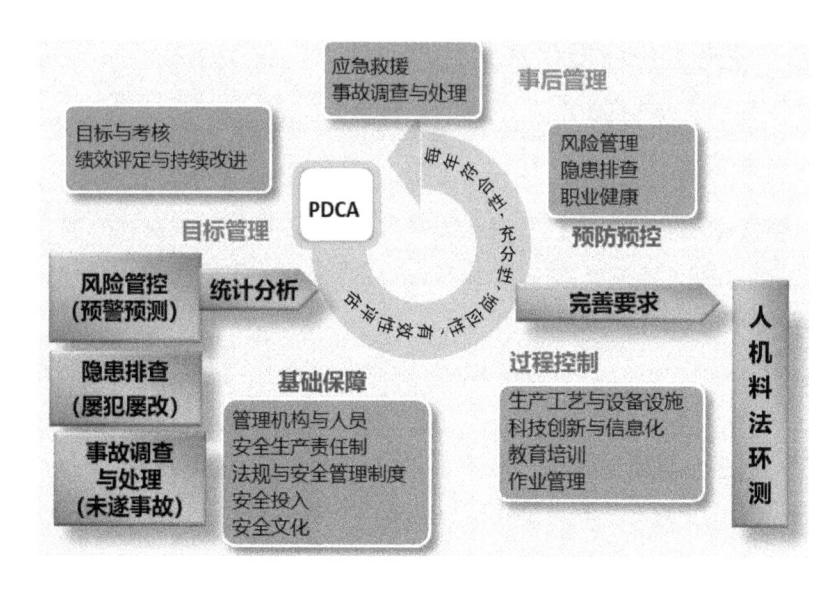

图 3-38 安全生产标准化

安全生产标准化就是一个安全生产管理体系,也就是将安全贯穿于整个生命周期,从设计期——运营期——终止期,真正地将安全落实到企业经营中,做到"安全第一"。

2.1 安全方针与目标

快递企业应坚持"安全第一,预防为主,综合治理"的安全生产方针,并根据单位安全生产实际情况制定宏观长远的安全生产目标及具体的每年度安全生产指标,经本单位主要责任人批准,以正式文件体现。

快递企业应根据所属各单位在生产经营中的职能,制定企业的方针、目标、年度安全生产指标,自上而下签订全员负责

图 3-39

的安全目标责任书,制定各级组织的安全工作计划和主管部门考核办法,以保证安全生产目标和指标的有效完成。

2.2　组织机构

企业应建立以企业主要负责人为领导的安全生产委员会(或安全生产领导小组),并应职责明确;应建立健全从安全生产委员会(或安全生产领导小组)至基层班组的安全生产管理网络。

企业应定期召开安全生产委员会或安全生产领导小组会议。安全生产管理机构或下属分支机构每月至少开一次安全工作例会。

企业应按规定设置与企业规模相适应的安全生产管理机构,配备专(兼)职安全生产和应急管理人员。

2.3　安全责任体系

企业应建立安全生产责任制,明确安全生产委员会(或安全生产领导小组)、安全生产管理机构、各职能部门、生产基层单位的安全生产职责,层层签订安全生产责任书,并落实到位。

企业主要负责人或实际控制人是安全生产第一责任人,对本企业安全生产工作全面负责,负全面组织领导、管理责任和法律责任,并履行安全生产的责任和义务。

分管安全生产的企业负责人是安全生产的重要负责人,应协助企业安全生产第一责任人落实各项安全生产法律法规、标准,统筹协调和综合管理企业的安全生产工作,对安全生产负重要管理责任。

2.4　资质、法律法规与安全管理制度

快递企业应取得营业执照且合法有效,经营范围应符合要求。

企业应制定及时识别、获取适用的安全生产法律法规、规范标准及其他要求的管理制度,明确责任部门,建立清单和文本(或电子)档案,并定期发布。

企业应建立健全安全生产规章制度,并征求工会及从业人员意见和建议,规范安全生产管理工作。

2.5　安全投入

企业应按照规定投入安全生产费用。安全生产经费专款专用,按规定的安全生产费用使用范围合理使用,企业应保证安全生产投入的有效实施。

2.6　安全设备设施

生产经营单位应确保生产设施建设中的安全设备、设施符合国家有关的法律、法规和相关技术标准,并与建设项目的主体工程同时设计、同时施工、同时投入生产和使用。

企业在安全设备设施检测维修过程中应执行隐患控制措施并进行监督检查,建立设备设施台账、档案。

企业应具备满足安全生产需要的建筑、场地、消防等设施,并符合相关安全规范和技术要求。企业应按照规范设置宣传告示设备、安全警告标志和指示牌。

2.7　教育培训

企业应按规定开展安全教育培训,明确安全教育培训目标、内容和要求,定期识别安全教育培训需求,制定并实施安全教育培训计划。

企业应组织安全教育培训,保证安全教育培训所需人员、资金和设施。培训时应做好安全教育培训记录,建立从业人员安全教育培训档案。未经安全生产培训合格的从业人员,不得上岗作业。

图 3-40

2.8 作业管理

企业应制定相应岗位的安全操作规程,作业过程中应根据规范要求进行操作。

企业应安排专项经费用于配备劳动防护用品,应为作业人员提供符合要求的劳动防护用品。企业应对应急劳动防护用品进行经常性的维护、检修,定期检测劳动防护用品的性能和效果,保证其完好有效。

2.9 风险管理

企业应依法依规建立健全安全生产风险管理制度,开展本单位管理范围内的风险辨识、评估、管控等工作,防范和减少安全生产事故。

风险辨识应涉及所有的工作人员(包括外部人员)、工作过程和工作场所。安全生产风险辨识结束后应形成风险清单。企业应从发生危险的可能性和严重程度等方面对风险因素进行分析,选定合适的风险评估方法。

图 3-41

企业应根据生产经营状况、安全风险管理及隐患排查治理、事故等情况,运用定量或定性的安全生产预测预警技术,建立企业安全生产状况及发展趋势的安全生产预测预警机制。

2.10 隐患排查与治理

企业应落实隐患排查治理和防控责任制,组织事故隐患排查治理工作,实行从隐患排查、记录、监控、治理、销账到报告的闭环管理。

企业应依据有关法律法规、标准规范等,组织制定各部门、岗位、场所、设备设施的隐患排查治理标准或排查清单,明确排查的时限、范围、内容和要求,并组织开展相应的培训。隐患排查的范围应包括所有与生产经营相关的场所、人员、设备设施和活动。

2.11　职业健康

企业应落实职业病防治主体责任,按规定设置职业健康管理机构和配备专(兼)职管理人员;落实职业病危害告知、日常监测、定期报告和防护保障等制度措施。

企业应该提供符合职业卫生要求的工作环境和条件,配备与职业健康保护相适应的设施、工具和防护用品;且按规定组织有关从业人员进行职业健康检查,并建立有关从业人员的职业健康档案。企业应依法参加工伤保险,为从业人员缴纳保险费。

企业应对从业人员进行职业健康宣传培训,使其了解其作业场所和工作岗位存在的危险因素和职业危害、防范措施和应急处理措施,降低或消除危害后果。

2.12　安全文化

企业应设立安全文化廊、安全角、黑板报、宣传栏等员工安全文化阵地。

企业应建立包括安全价值观、安全使命和安全生产目标等在内的安全承诺。

2.13　应急救援

企业应在开展安全风险评估和应急资源调查的基础上,建立生产安全事故应急预案体系,制定符合相关规定的生产安全事故应急预案,针对安全风险较大的重点场所(设施)制定现场处置方案,并编制重点岗位、人员应急处置卡。

企业应组织开展应急预案、应急知识、自救互救和避险逃生技能的培训活动,使有关人员了解应急预案内容,熟悉应急职责、应急处置程序和措施,并如实做好记录。

企业应根据可能发生的事故种类特点,按照有关规定设置应急设施,配备应急装备,储备应急物资。建立管理台账,安排专人管理,并定期检查、维护,确保其完好、可靠。

第五章 快递业应急管理

第一节 突发事件概念及分类

快递业的应急管理沿用邮政业的一套完备高效的寄递渠道突发事件应急管理体系。

1.1 概念

邮政业突发事件，是指邮政业突然发生的，造成或者可能造成人员伤亡、财产损失、运营网络阻断、用户信息泄露等危及邮政业安全稳定和寄递渠道安全畅通的紧急事件。

1.2 分类

邮政业突发事件按照事件的起因源头可分为两类：

(1) 行业外事件引发的邮政业突发事件

① 自然灾害：主要包括气象灾害、地震灾害、地质灾害、生物灾害和森林火灾等；

② 事故灾难：主要包括公共设施和设备事故、环境污染和生态破坏事件等；

③ 公共卫生事件：主要包括传染病疫情、群体性不明原因疾病、食品安全、职业危害和动物疫情等；

④ 社会安全事件：主要包括恐怖袭击事件、民族宗教事件、经济安全事件、涉外突发事件和群体性事件等。

(2) 行业安全风险引发的邮政业突发事件

① 行业安全风险：主要包括邮政业务旺季、代收货款纠纷、不正当竞争、经

营权纠纷、企业兼并重组、破产倒闭等；

② 行业安全事故：主要包括快件(邮件)火灾、内件爆炸、危化品或有毒物质泄漏事故、交通运输事故、设施和设备事故等。

1.3 分级

邮政业突发事件按照其性质、严重程度、可控性和影响范围等因素，一般分为四级：Ⅰ级(特别重大邮政业突发事件)、Ⅱ级(重大邮政业突发事件)、Ⅲ级(较大邮政业突发事件)和Ⅳ级(一般邮政业突发事件)。

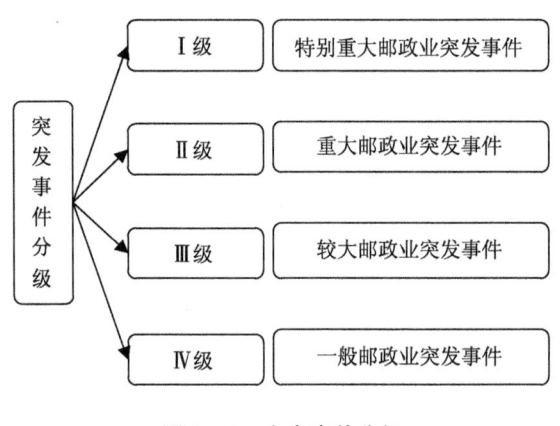

图 3-42 突发事件分级

(1) 符合下列情形之一的，为特别重大邮政业突发事件(Ⅰ级)：

① 人员死亡、失踪 30 人以上或重伤 100 人以上；

② 直接经济损失 1 亿元以上；

③ 邮政企业、跨省经营的快递企业运营网络全网阻断，或者部分省(区、市)运营网络阻断但是可能在全国范围内造成严重影响；

④ 用户信息泄露 1 亿条以上；

⑤ 超出事发地省级邮政管理机构应急处置能力；

⑥ 具有对全国邮政业安全稳定运行和寄递渠道安全畅通构成严重威胁、造成严重影响的其他情形。

(2) 符合下列情形之一的，为重大邮政业突发事件(Ⅱ级)：

① 人员死亡、失踪 10 人以上 30 人以下，或者重伤 50 人以上 100 人以下；

② 直接经济损失 5 000 万元以上 1 亿元以下；

③ 邮政企业、快递企业全省(区、市)运营网络阻断,或者省内部分市(地、州、盟)运营网络阻断但是可能在全省范围内造成严重影响;

④ 用户信息泄露1 000万条以上1亿条以下;

⑤ 超出事发地市(地)级邮政管理机构应急处置能力;

⑥ 具有对全省(区、市)邮政业安全稳定运行和寄递渠道安全畅通构成严重威胁、造成严重影响的其他情形。

(3) 符合下列情形之一的,为较大邮政业突发事件(Ⅲ级):

① 人员死亡、失踪3人以上10人以下,或者重伤10人以上50人以下;

② 直接经济损失1 000万元以上5 000万元以下;

③ 邮政企业、快递企业全市(地、州、盟)运营网络阻断;

④ 邮件快件积压,超出事发企业7天处理能力;

⑤ 用户信息泄露100万条以上1 000万条以下;

⑥ 具有对全市(地、州、盟)邮政业安全稳定运行和寄递渠道安全畅通构成严重威胁、造成严重影响的其他情形。

(4) 符合下列情形之一的,为一般邮政业突发事件(Ⅳ级):

① 人员死亡、失踪3人以下,或者重伤10人以下;

② 直接经济损失1 000万元以下;

③ 邮政企业、快递企业全县(市、区、旗)运营网络阻断;

④ 邮件快件积压,超出事发企业72小时处理能力;

⑤ 用户信息泄露100万条以下;

⑥ 具有对全市(地、州、盟)邮政业安全稳定运行和寄递渠道安全畅通构成较大威胁、造成较大影响的其他情形。

第二节　应急预案

应急预案是指为有效预防和控制可能发生的事故,最大程度减少事故及其造成的损害而预先制定的工作方案。生产经营单位的应急预案体系主要由综合应急预案、专项应急预案和现场处置方案构成。

综合应急预案:综合应急预案是生产经营单位应急预案体系的总纲,主要从总体上阐述事故的应急工作原则,包括生产经营单位的应急组织机构及职责、应急预案体系、事故风险描述、预警及信息报告、应急响应、保障措施、应急预案管理等内容。

专项应急预案:专项应急预案是生产经营单位为应对某一类型或某几种类型事故,或者针对重要生产设施、重大危险源、重大活动等内容而制定的应急预案。专项应急预案主要包括事故风险分析、应急指挥机构及职责、处置程序和措施等内容。

图 3-43 应急预案分类

现场处置方案:现场处置方案是生产经营单位根据不同事故类型,针对具体的场所、装置或设施所制定的应急处置措施,主要包括事故风险分析、应急工作职责、应急处置和注意事项等内容。生产经营单位应根据风险评估、岗位操作规程以及危险性控制措施,组织本单位现场作业人员及安全管理等专业人员共同编制现场处置方案。

2.1 编制步骤

生产经营单位应急预案编制程序包括成立应急预案编制工作组、资料收集、风险评估、应急能力评估、编制应急预案和应急预案评审 6 个步骤。

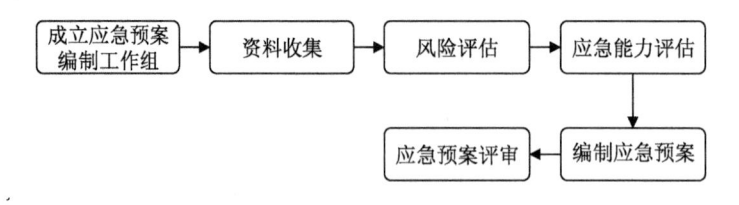

图 3-44 应急预案编制步骤

(1)成立应急预案编制工作组:生产经营单位应结合本单位部门职能和分工,成立以单位主要负责人(或分管负责人)为组长,单位相关部门人员参加的应急预案编制工作组,明确工作职责和任务分工,制定工作计划,组织开展应急预案编制工作。

(2)资料收集:应急预案编制工作组应收集与预案编制工作相关的法律法

规、技术标准、应急预案、国内外同行业企业事故资料,同时收集本单位安全生产相关技术资料、周边环境影响、应急资源等有关资料。

(3) 风险评估

主要内容包括:

① 分析生产经营单位存在的危险因素,确定事故危险源;

② 分析可能发生的事故类型及后果,并指出可能产生的次生、衍生事故;

③ 评估事故的危害程度和影响范围,提出风险防控措施。

(4) 应急能力评估:在全面调查和客观分析生产经营单位应急队伍、装备、物资等应急资源状况基础上开展应急能力评估,并依据评估结果,完善应急保障措施。

(5) 编制应急预案:依据生产经营单位风险评估以及应急能力评估结果,组织编制应急预案。应急预案编制应注重系统性和可操作性,做到与相关部门和单位应急预案相衔接。

(6) 应急预案评审:应急预案编制完成后,生产经营单位应组织评审。评审分为内部评审和外部评审,内部评审由生产经营单位主要负责人组织有关部门和人员进行。外部评审由生产经营单位组织外部有关专家和人员进行评审。应急预案评审合格后,由生产经营单位主要负责人(或分管负责人)签发实施,并进行备案管理。

2.2 应急预案体系

(一) 综合应急预案

(1) 总则

包括编制目的,编制依据,应急预案适用的工作范围和事件、响应级别,应急预案工作原则。

(2) 事故风险描述

简述生产经营单位存在或可能发生的事故风险种类、发生的可能性以及严重程度及影响范围等。

(3) 应急组织机构及职责

明确生产经营单位的应急组织形式及组成单位或人员,可用结构图的形式表示,明确构成部门的职责。应急组织机构根据事故类型和应急工作需要,可设置相应的应急工作小组,并明确各小组的工作任务及职责。

(4) 预警及信息报告

预警:根据生产经营单位检测监控系统数据变化状况、事故险情紧急程度和发展态势或有关部门提供的预警信息进行预警,明确预警的条件、方式、方法和信息发布的程序。

信息报告:包括信息接收与通报、信息上报和信息传递。

(5) 应急响应

应急响应的内容应该包括:响应分级、响应程序、处置措施、应急结束。

响应分级:针对事故危害程度、影响范围和生产经营单位控制事态的能力,对事故应急响应进行分级,明确分级响应的基本原则。

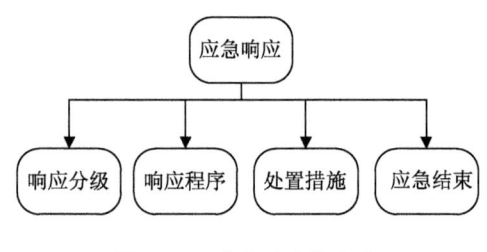

图 3-45 应急响应的内容

响应程序:根据事故级别的发展态势,描述应急指挥机构启动、应急资源调配、应急救援、扩大应急等响应程序。

处置措施:因自然灾害、事故灾难、公共卫生事件和社会安全事件,以及行业自身安全隐患、矛盾纠纷等风险引发的运营网络阻断事件,事发企业和当地相关管理机构应当立即介入处置,查清事件原因和影响,综合分析研判,制定工作方案,加强沟通协调,积极应对处置。

应急结束:明确现场应急响应结束的基本条件和要求。

(6) 信息公开

明确向有关新闻媒体、社会公众通报事故信息的部门、负责人和程序以及通报原则。

(7) 后期处置

主要明确污染物处理、生产秩序恢复、医疗救治、人员安置、善后赔偿、应急救援评估等内容。

(8) 保障措施

保障措施可分为通信与信息保障、应急队伍保障、物资装备保障和其他保障。

通信与信息保障:明确可为生产经营单位提供应急保障的相关单位及人员通信联系方式和方法,并提供备用方案。同时,建立信息通信系统及维护方案,确保应急期间信息通畅。

应急队伍保障:明确应急响应的人力资源,包括应急专家、专业应急队伍、兼职应急队伍等。

物资装备保障:明确生产经营单位的应急物资和装备的类型、数量、性能、存放位置、运输及使用条件、管理责任人及其联系方式等内容。

其他保障:根据应急工作需求而确定的其他相关保障措施(如:经费保障、交通运输保障、治安保障、技术保障、医疗保障、后勤保障等)。

(9) 应急预案管理

应急预案管理分为应急预案培训、演练、修订、备案、实施。

应急预案培训:明确对生产经营单位人员开展的应急预案培训计划、方式和要求,使有关人员了解相关应急预案内容,熟悉应急职责、应急程序和现场处置方案。如果应急预案涉及社区和居民,要做好宣传教育和告知等工作。

应急预案演练:明确生产经营单位不同类型应急预案演练的形式、范围、频次、内容以及演练评估、总结等要求。

应急预案修订:明确应急预案修订的基本要求,并定期进行评审,实现可持续改进。

应急预案备案:明确应急预案的报备部门,并进行备案。

应急预案实施:明确应急预案实施的具体时间、负责制定与解释的部门。[①]

(二) 专项应急预案

(1) 事故风险分析

针对可能发生的事故风险,分析事故发生的可能性以及严重程度、影响范围等。

(2) 应急指挥机构及职责

根据事故类型,明确应急指挥机构总指挥、副总指挥以及各成员单位或人员的具体职责。应急指挥机构可以设置相应的应急救援工作小组,明确各小组的工作任务及主要负责人职责。

(3) 处置程序

明确事故及事故险情信息报告程序和内容、报告方式和责任等内容。根据

---

① GB/T 29639—2013 生产经营单位生产安全事故应急预案编制导则

事故响应级别,具体描述事故接警报告和记录、应急指挥机构启动、应急指挥、资源调配、应急救援、扩大应急等应急响应程序。

(4) 处置措施

针对可能发生的事故风险、事故危害程度和影响范围,制定相应的应急处置措施,明确处置原则和具体要求。

(5) 处置方案

1) 事故风险分析

主要包括:事故类型,事故发生的区域、地点或装置的名称,事故发生的可能时间、事故的危害严重程度及其影响范围,事故前可能出现的征兆,事故可能引发的次生、衍生事故。

2) 应急工作职责

根据现场工作岗位、组织形式及人员构成,明确各岗位人员的应急工作分工和职责。

3) 应急处置

主要包括以下内容:

① 事故应急处置程序。根据可能发生的事故及现场情况,明确事故报警、各项应急措施启动、应急救护人员的引导、事故扩大及同生产经营单位应急预案的衔接的程序。

② 现场应急处置措施。针对可能发生的火灾、爆炸、危险化学品泄漏、坍塌、水患、机动车辆伤害等,从人员救护、工艺操作、事故控制、消防、现场恢复等方面制定明确的应急处置措施。

③ 明确报警负责人、报警电话及上级管理部门、相关应急救援单位联络方式和联系人员,事故报告基本要求和内容。

④ 注意事项

主要包括:

佩戴个人防护器具方面的注意事项;

使用抢险救援器材方面的注意事项;

采取救援对策或措施方面的注意事项;

现场自救和互救注意事项;

现场应急处置能力确认和人员安全防护等事项;

应急救援结束后的注意事项；

其他需要特别警示的事项。

第三节　应急物资的配备

《国家邮政业突发事件应急预案》要求邮政企业、快递企业应当储备必要的应急物资和设备，加强对应急物资、设备的管理、维护和保养，及时补充和更新，以备随时调用。应当建立应急物资互助机制，签署互助合作协议，统筹协调各种应急储备物资，支援应急救援行动。

此外，快递企业还应该做到以下几点：

（一）设置应急管理部门

（1）设置公司应急物资储备管理部门，负责对公司应急救援物资管理工作的监督检查；

（2）根据各部门的应急物资需求，以及储备和使用情况，负责制定公司应急物资储备采购计划；

（3）应急物资储备管理部门负责提出应急物资需求计划；发生突发事件时，组织、协调业务范围内的应急物资准备及调配工作；

（4）负责建立公司应急救援物资管理台账；

（5）每月定期进行检查，确保应急物资储备的完整性和完好性。

（二）购置和储备

（1）应急物资应按照突发事件应急预案要求的种类、数量进行储备；

（2）根据本单位事故类型，确定本单位应急物资的品种和数量，专人管理，根据物资消耗情况，及时补充储备，确保应急物资品种和数量符合预案要求；

（3）应急物资管理人员应对应急物资定期检查，需要补充的应及时根据公司物资采购管理提出申购需求，报公司领导审批，进行采购；

（4）应急物资入库、保管、出库等应有完备的凭证手续，做到账实相符、账表相符；

（5）储存的每批物资应有标签，标明品名、规格、产地、编号、数量、质量、生产日期、入库时间等，具有使用期限要求的物资应标明有效期；

(6) 储备物资应分类存放,码放整齐,留有通道。

(三) 应急物资调用

(1) 发生突发事件时,按责任分工和突发事件性质、规模和危害程度,及时采购调用应急物资和技术装备。在突发事件发生初期,必须率先保证物资到位。

(2) 应急物资调用根据"先近后远,满足急需,先主后次"的原则进行。一般情况下,由各职能部门自行制定调用制度。

(3) 调用出库的应急物资使用后,对可重复使用的,负责回收和维护保养;对已消耗或不可回收的,应填写耗损管理相关记录并说明情况,报相关部门批准后做耗损处理。对使用有效期较短、市场供应充分且在日常应急工作中经常使用的储备物资,可以实行动态储备管理,各有关储备单位可按照"用旧补新、先进先出、等量更替"的原则调出使用,同时补充相同数量的新物资进行储备,避免浪费。

第四节 事故应急响应

(一) 信息报告

(1) Ⅱ级及以上应急响应启动后,事件所涉及的省级邮政管理机构应当在2小时内将应急处置进展情况及时上报国家邮政局,并按照"零报告"制度,形成每日情况专报。国家邮政业应急办公室及时收集、汇总相关信息,上报国家邮政业应急领导小组。应急处置过程中,及时续报有关情况。

(2) Ⅲ级应急响应启动后,事发地市(地)级邮政管理机构应当在2小时内将应急处置进展情况上报省级邮政管理机构。应急处置过程中,及时续报有关情况。

(3) Ⅳ级应急响应启动后,事发地邮政管理机构应当及时将相关情况逐级上报省级邮政管理机构。

(二) 先期处置

突发事件发生后,事发企业在报告突发事件信息的同时,应当立即启动应急响应,及时、有效地进行先期处置,控制事态发展,并将相关信息及时通报与突发事件有关的政府部门、企事业单位和公民。事发企业应当根据实际情况,在确保人身安全前提下,立即组织本企业应急救援队伍和工作人员营救遇险、涉险人员,疏散、撤离、安置受威胁人员;控制危险源,标明危险区域,封锁危险场所,并采取其他防止危害扩大的必要措施。对于本企业问题引发的群体性事件,或者本企业人员涉事的事件,企业相关负责人员应当迅速赶赴现场开展劝解、疏导、协调等工作。

(三) 应急响应

(1) 办事机构处置任务

① 接到突发事件信息报告,或者收到政府相关部门事件信息通报后,根据事态发展趋势,立即组织分析研判,及时向国家邮政业应急领导小组报告,并提出应急响应建议;

② 应急响应启动后,根据应急总指挥的命令,组织开展应急处置行动;

③ 协调有关部门,安排应急所需的人员与物资;

④ 记录应急处置各阶段工作情况,收集相关信息,统计损失情况并进行初步审核;

⑤ 统筹协调各项应急工作措施的落实;

⑥ 向社会通报、发布相关信息;

⑦ 国家邮政业应急领导小组交办的其他工作。

(2) 现场指挥机构处置任务

① 迅速赶往现场,配合事发地人民政府指导事发地邮政管理机构控制和切断突发事件源头,疏散人员,抢救伤员,为公安、国家安全、交通运输、卫生健康、应急管理等有关部门应急处置工作提供便利,防止损失扩大和次生、衍生灾害发生;

② 及时掌握并向国家邮政业应急领导小组报告重要情况,请示物资增援、人员救助等应急处置紧急事项;

③ 根据现场情况和国家邮政业应急领导小组要求,指导事发地邮政管理机构制定并实施应急处置行动方案,妥善保护和处理邮件快件,维护用户和从业人员合法权益,尽快恢复正常生产经营和管理秩序;

④ 记录应急处置工作情况,保存与突发事件有关的原始资料和凭证;

⑤ 核实应急响应终止条件并提出应急响应终止请求,指导相关单位做好善后工作;

⑥ 国家邮政业应急领导小组交办的其他工作。

(3) 应急工作要求

相关省邮政业应急办公室和邮政企业、快递企业接到任务通知后,应立即开展应急处置工作。

① 邮政业突发事件处置遵循先重点、后一般的原则；

② 相关邮政管理部门和邮政企业、快递企业的突发事件应急办事机构实行24小时值班,随时待命；

③ 主动与上级有关部门联系,及时报告有关情况；

④ 相关企业在执行邮政业突发事件处置任务时,应顾全大局,积极搞好与有关单位的协作配合。

(四) 善后处置

国家邮政业应急领导小组指导事发地省级邮政管理机构组织做好善后处置工作。相关邮政管理机构应当对应急处置工作期间紧急调集、征用有关单位以及个人的物资给予补偿,并指导、督促事发企业迅速开展恢复重建工作。事发企业应当尽快恢复正常生产经营秩序,按规定及时向受损用户理赔,按规定对突发事件中的伤亡人员给予救助、抚恤。

要对邮政业突发事件的起因、性质、影响、责任、经验教训和恢复重建等问题进行调查评估。国家邮政业应急办公室负责对特别重大邮政业突发事件原因进行调查、分析和处理,对事故后果进行评估,并对事故责任处理情况进行监督检查。省邮政业应急办公室负责对重大、较大和一般邮政业突发事件原因进行调查、分析和处理,对事故后果进行评估,并对事故责任处理情况进行监督检查。

第六章　安全生产信用管理

为贯彻落实国务院《社会信用体系建设规划纲要（2014—2020年）》《关于建立完善守信联合激励和失信联合惩戒制度加快推进社会诚信建设的指导意见》《关于促进快递业发展的若干意见》精神，实施《国家邮政局关于加强快递业信用体系建设的若干意见》，加强快递行业信用体系建设，促进快递行业健康发展，2017年，国家邮政局正式印发《快递业信用管理暂行办法》。

图 3-46

快递业信用信息是指经营快递业务的企业从事快递业务经营过程中形成的信息，以及邮政管理部门在依法履行职责过程中产生的能够反映企业信用状况的信息。

快递业将逐步实现信用信息共享，健全和完善守信联合激励和失信联合惩戒机制。与发展改革、公安、交通运输、商务、人民银行、海关、税务、工商、质检、安全生产监督管理等部门和司法机关联合协作，共建安全生产信用体系。

第一节　企业信用信息

（一）主要内容与信用信息采集

经营快递业务的企业（快递企业）信用信息包括：基本信息、许可管理信息、快递服务质量信息、寄递安全信息和社会责任信息等。

(1) 基本信息，包括企业名称、信用代码、住所(主要办事机构所在地)和法定代表人(负责人)身份信息等。

信息从快递业务经营许可管理信息系统采集，与系统对接有异常的，核实后补正录入。

(2) 许可管理信息，包括经营快递业务的企业取得快递业务经营许可、备案、年度报告、变更以及许可的地域范围、业务范围等情况。

信息从快递业务经营许可管理信息系统采集。信息存疑的，结合其他信息源比对核实后补正录入。

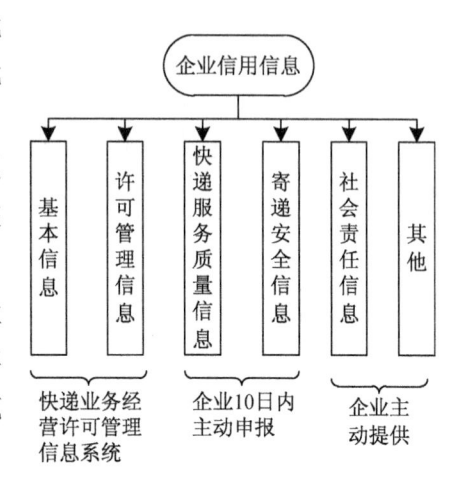

图 3-47 企业信用信息

(3) 快递服务质量信息，通过满意度调查、消费者申诉、时限测试、行政执法、舆情监测等反映的快递服务质量状况。

邮政管理部门通过满意度调查、消费者申诉、时限测试、行政执法、舆情监测等手段获取的服务质量信用信息，直接从相关信息系统采集或者由相关部门提供。产生于经营快递业务的企业的其他服务质量信息，应当由该企业在该信息产生后10日内主动申报。

(4) 寄递安全信息，包括经营快递业务的企业落实安全主体责任、制定执行安全制度、组织安全培训教育、落实重大活动安全保障措施、预防处置突发事件等情况。

消费者申诉、行政执法、舆情监测等涉及寄递安全的信用信息，直接从相关信息系统采集或者由相关业务部门提供。产生于经营快递业务的企业的其他寄递安全信息，应当由该企业在该信息产生后10日内主动申报。

(5) 社会责任信息，包括经营快递业务的企业遵守社会公德、商业道德，开展企业诚信文化建设，履行绿色环保责任，遵守快递市场秩序，弘扬行业核心价值观等情况。

经营快递业务的企业履行社会责任的情况应当主动申报，并提供相关证明材料。邮政管理部门履行职权过程中获取的经营快递业务的企业信用信息，由邮政管理部门录入。

(6) 获得表彰、奖励等其他反映经营快递业务的企业信用状况的信息。

(二) 信用信息申报部门

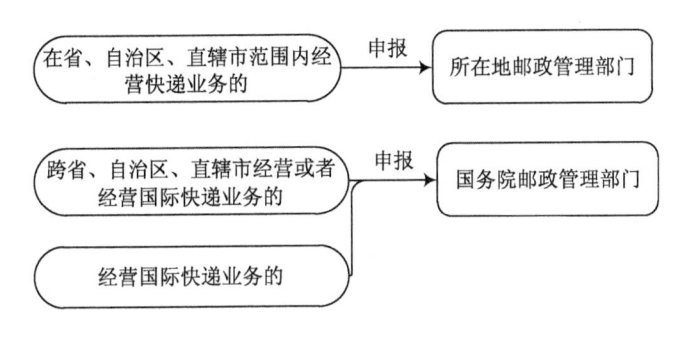

图 3-48　信用信息申报部门

第二节　信用评定

国务院邮政管理部门组织设立全国快递行业信用评定委员会,开展全国快递行业信用评定工作。省级及省级以下邮政管理部门组织设立本地区快递行业信用评定委员会,开展本地区快递行业信用评定工作。

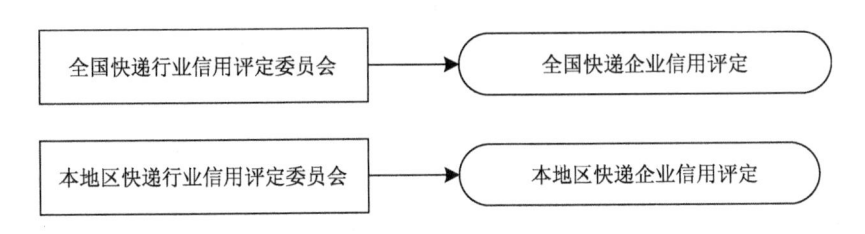

图 3-49　快递行业信用评定委员会

快递行业信用评定委员会可由邮政管理部门、快递行业协会、经营快递业务的企业、快递从业人员、用户代表等组成。

快递行业信用评定委员会对经营快递业务的企业信用评定的周期为一年度。信用情况的发布和通报等可以视管理需要采取按月度、季度、半年等周期实施。

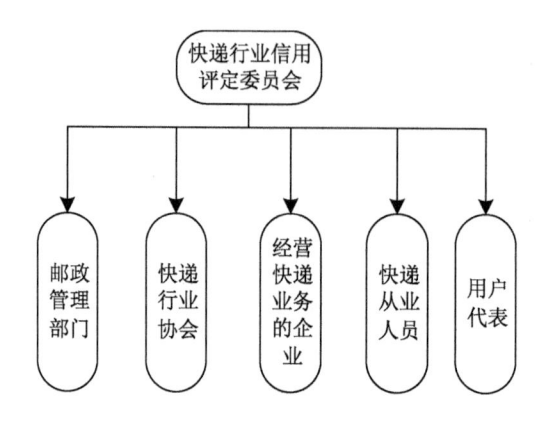

图 3-50　快递行业信用评定委员会组成

经营快递业务的企业发生严重失信行为的，由快递行业信用评定委员会依据评定方案直接将其列入快递行业失信名单。

对拟列入失信名单的企业，快递行业信用评定委员会应当通过网站等媒介予以公示，公示期不得少于 1 个月。年度守信名单和失信名单将通过邮政管理部门网站、报纸等媒介公开。

图 3-51

经营快递业务的企业对被列入快递行业失信名单有异议的，可以向所在地快递行业信用评定委员会提出书面异议并提交相关证明材料。企业将在 20 个工作日内收到书面审查结果。

第三节 失信惩罚与信用修复

3.1 失信惩罚

快递企业被列入失信名单将受到惩戒,具体惩戒措施如下:

(1) 作为重点监督管理对象,提高对其随机抽查的频次和比例;

(2) 列入失信名单且被依法吊销《快递业务经营许可证》的企业,法定代表人再次以法定代表人身份申请新设经营快递业务的企业的,或者其他高层管理人员任职新设经营快递业务的企业高层管理人员的,邮政管理部门应当依法重点审查;

(3) 取消企业及其法定代表人(负责人)、从业人员在邮政管理系统的评优评先资格;

(4) 按照联合惩戒机制通过邮政管理部门与其他部门的信息共享,由其他部门审慎批准失信企业新增项目、土地使用、政府采购、融资贷款、政策性资金和财税政策扶持等措施,取消企业及其法定代表人(负责人)、从业人员评优评先资格;

图 3-52

(5) 由行业协会对列入失信名单的会员企业实行警告、行业内通报批评、公开谴责、不予接纳、劝退等惩戒措施。

3.2　信用修复

被列入失信名单的经营快递业务的企业通过以下条件可以移出失信名单：

(1) 因严重失信行为被列入失信名单的,次年信用评定为守信企业的;

(2) 非因严重失信行为被列入失信名单的,次年信用评定未被列入失信名单或者信用异常名单的。

第七章 常见风险点管理

安全是企业的生死线,安全生产管理的成败直接关系到企业的生存与发展,安全管理,作为实现企业经营目标和提高企业经济效益的重要保证,具有十分重要的意义。如果安全管理工作搞不好,事故频频发生,不但严重影响职工的安全、健康和生产积极性,更会造成不良的社会影响,极大地消耗了人力、物力和财力,给企业带来沉重的经济损失。

根据多次现场检查梳理总结的常见问题清单,企业应该对照以下常见问题进行自查自纠,完善安全管理。

表 3.7 常见风险点

序号	类别	存在的问题	依据	控制措施
1	资质条件	企业《快递业务经营许可证》目前注册地址与实际经营地址不符	《快递业务经营许可管理办法》(2019年1月1日实施)	企业应尽快申请地址变更
		现场查看末端网点的备案被未批准下来	《快递末端网点备案暂行规定》第五条	建议尽快完成备案手续
2	机构与人员	企业无专(兼)职安全管理人员的任命文件,无人员的证书	《安全生产法》	企业应按法规要求配备专(兼)职安全管理人员
3		企业取得安全生产管理人员证书,未进行复培或证书已过期	《安全生产法》	企业应按法规要求成立安全管理机构或配备专职安全管理人员
4	经营要求	企业与电商签订的安全保障协议,未向邮政管理部门备案	《快递市场管理办法》	企业应当遵守邮政管理部门的规定,与委托方签订安全保障协议,并向颁发《快递业务经营许可证》的邮政管理部门备案
5	场所要求	企业处理场所对于处理可疑危险品未设置单独的应急隔离区,只设置了防爆箱	《邮政业安全生产设备配置规范》	建议企业按照《邮政业安全生产设备配置规范》设置单独的应急隔离区,专门用于可疑危险品的处理
6		处理场所的紧急疏散出口未设置人员疏散标识	《邮政业寄递安全监督管理办法》	企业按照规范设置明显的出口标志

续表

序号	类别	存在的问题	依据	控制措施
7	过机安检	企业无X光机在所在地邮政管理局的备案意见	《邮件快件微剂量X射线安全检查设备配置管理办法(试行)》	企业应根据规范要求,把X光机在管理部门进行备案
8	过机安检	企业目前只针对国际和港澳台快件、重点地区及航空件保证100%过机安检,其他快件过机安检采取抽查的形式,抽查的比例大约占40%	《快递安全生产操作规范》	
9	安全生产责任制	企业无横向到边、纵向到底的安全生产责任体系	《安全生产法》《江苏省安全生产条例》	企业应根据法规要求,制定各岗位和各部门的安全生产责任制,明确各岗位、各部门的责任范围和考核标准
10	安全生产责任制	企业的主要负责人的职责不符合法规的要求	《安全生产法》《江苏省安全生产条例》	企业应根据法规要求,完善主要负责人的安全职责
11	规章与规程	企业无对安全生产规章制度的制定、审核、发布、修订等的相关管理规定,提供的部分制度对照法规标准有不符合的现象,如安全培训管理制度未规定培训内容及学时	《邮政业寄递安全监督管理办法》《快递暂行条例》	企业应根据管理需求制定相关的安全管理制度并履行审核发布的流程
12	教育培训	企业的培训计划,未包括法制教育培训、职业道德教育培训、业务技能培训、安全生产培训、车辆安全驾驶、设备操作培训、验视快件的知识与技能、应急培训等方面内容	《中华人民共和国邮政法》《快递暂行条例》	企业应根据需求,制定培训计划
13	教育培训	企业的三级教育的培训档案、三级教育卡的培训内容和《生产经营单位安全培训规定》不一致,未有培训学时	《安全生产法》《生产经营单位安全培训规定》	企业应按《生产经营单位安全培训规定》的要求,完善安全培训管理规定,并按规定对人员进行培训,规范建立人员培训档案
14	教育培训	企业有特种设备叉车,但未提供特种设备管理人员的证书	《邮政业寄递安全监督管理办法》《特种设备安全法》	企业应按规定明确特种设备管理人员,并取得资格证书
15	安全保障	企业的安全生产费用使用计划中有些内容与企业实际不相符,如:安全评价、职业危害监测等;没有提供计划实施的记录	《企业安全生产费用提取和使用管理办法》	企业应完善安全生产费用计划实施情况的记录;提高计划的针对性
16	安全保障	企业无安全费用管理制度	《企业安全生产费用提取和使用管理办法》	制定安全费用管理制度

续表

序号	类别	存在的问题	依据	控制措施
17	安全保障	企业未提供工伤保险证明的相关资料	《邮政业寄递安全监督管理办法》	完善工伤保险证明的资料
18	安全保障	企业未提供劳动防护用品采购、发放台账档案	《邮政业寄递安全监督管理办法》	完善劳动防护用品采购、发放台账档案
19	设施设备	卸货皮带机设置的"当心机械伤手"的安全标志被小广告部分遮挡,现场未见人员疏散标志	《邮政业寄递安全监督管理办法》	建议企业加强日常检查,确保安全标志的完整有效
20	设施设备	快件处理场所有一出入口前10 m以外未设置机动车限速标志和机动车减速带,未配备栅栏或隔离桩等设备,未实现人车分流	《邮政业安全生产设备配置规范》	企业应按照"规范"要求,完善机动车限速标志和机动车减速带,配备栅栏或隔离桩等设备,实现人车分流
21	设施设备	现场检查发现应急照明设施电源未接通,个别电源插座未固定	《邮政业安全生产设备配置规范》	建议企业应该按照《邮政业安全生产设备配置规范》的要求及时检查应急照明设施,保证应急照明处于随时待用状态
22	隐患排查检查	企业提供了"消防设施及通道检查表",检查表中对灭火器没有具体的检查内容;现场检查发现配电间门前配备的多台推车式干粉灭火器被物品挡住;有一推车式干粉灭火器的轮子缺失	《建筑灭火器配置验收及检查规范》附录C	建议企业完善检查表中干粉灭火器的检查内容,如:压力、铅封、喷粉管、筒体、铭牌等
23		企业无对消防设施进行维护保养和维修的档案资料	《机关、团体、企业、事业单位消防安全管理规定》	企业应按照法规要求完善消防设施维护保养和维修的档案资料

续表

序号	类别	存在的问题	依据	控制措施
24	应急管理	企业的车辆在行驶中发现自燃征兆的演练,未提供演练的具体脚本	《生产安全事故应急预案管理办法》	企业应根据演练计划编制详细的演练方案进行演练
25	应急管理	企业未明确运营部的应急人员	《邮政业寄递安全监督管理办法》	企业应按规定建立应急队伍,明确人员职责
26	应急管理	企业配备了必要的应急救援物资,未建立使用档案	《邮政业寄递安全监督管理办法》	企业应按规范要求建立应急器材的使用档案,并进行定期维护保养,保证完好
27	事故管理	企业提供的重大事项管理制度,制度太旧,制度中未规定对重大事项向政府管理部门进行汇报的要求	《生产安全事故应急预案管理办法》	企业应根据管理要求,完善事故管理制度
28	其他	现场检查发现: 1、4~7皮带机有一电箱的电缆防护套管接头脱落; 2、有一卸货皮带机的电箱门与箱体之间未做等电位连接,且箱内有杂物	《低压成套开关设备和控制设备》第一部分	建议企业加强电气设备的日常检查,确保电气设施的完好
29	其他	现场检查发现:四层皮带机有一电箱的电缆防护套管接头脱落;现场的多个电气控制箱门与箱体之间未做等电位连接;现场部分立柱上的电源开关或插座箱缺少罩盖	《低压成套开关设备和控制设备》第一部分	建议企业加强电气设备的日常检查,确保电气设施的完好

第四篇
员工培训

第一章　作业管理

第一节　管理要求

2011年8月11日,国家邮政局公布实施《快递业务操作指导规范》。该规范要求快递企业对信件以外的快件,在收寄时应当场验视内件,寄件人拒绝验视的,不予收寄。对信件,必要时可要求寄件人开拆,并进行验视。

2012年2月28日,国家邮政局下发了《关于进一步加强快递企业收寄验视工作的通知》,提到根据近年来寄递渠道发生的安全事件分析,未按照规定严格执行收寄验视制度,是造成事件发生的最直接、最主要的原因。通知要求各快递企业对用户交寄的物品,必须全部检查,用户拒绝开拆、拒绝验视的,不予收寄。对收寄验视制度落实不到位的企业,必须依法严肃处理,情节严重的,责令停业整顿,直至依法吊销快递经营许可证。

2014年9月,中央综治办牵头,会同公安部、交通运输部、国家邮政局、国家安全部、海关总署、国家工商行政管理总局、国家铁路局、中国民用航空局等部门联合印发了《关于加强邮件、快件寄递安全管理工作的若干意见》(以下简称《意见》)。该《意见》要求,逐步实行寄递实名制。2016年后,实行全行业的实名收寄,要求寄件人出具有效身份证件,并登记相关身份信息(信件、已有安全保障机制的协议客户快递、通过自助邮局(智能快件箱)等交寄的邮件、快件除外)。

为全面贯彻实施《中华人民共和国邮政法》,提升快递服务水平,国家邮政局制定了《快递业务操作指导规范》。针对快递业务全过程作业的重要环节和关键质量控制点,规定了规范操作的基本要求,旨在指导快递企业科学组织生产管理,解决因快递作业不规范引发的服务质量问题。

2016年6月1日,正式实施《快递安全生产操作规范》(以下简称《规范》),

该《规范》突出重点安全风险环节，规定了快递安全生产操作的基本要求以及收寄安全生产操作、分拣安全生产操作、运输安全生产操作、投递安全生产操作、重大活动时期安全生产操作、安全事件处理等要求，有利于夯实行业安全基础，完善行业安全生产体系，提升行业安全监管水平，促进快递行业健康发展。

为了规范快递行业安全管理，国家及行业相继出台相关法律法规，安装摄像头，全面推行"实名寄递、开箱验视、过机安检"三项制度，落实寄递三项制度，不断加强对邮政快递行业的安全监管，引导快递企业的规范化管理。

以事故为镜，思事故之鉴（详细事故见附录二），在三项制度落实后，进一步推行"实名收寄、收寄验视、过机安检、协议客户安全承诺书签订、生产部门安全承诺书签订"，以更高的要求确保落实寄递全过程的安全。

图 4-1　三项制度

信息时代，信息技术是主流，快递行业也应该充分利用信息技术。快递企业应当采用技术手段，对收寄、分拣、运输、投递等环节实行安全监控，防止邮件、快件在寄递过程中短少、丢失、损毁。监控设备应当全天二十四小时运转，邮政企业、快递企业保存监控资料的时间不得少于 30 日。其中，营业场所交寄、接收、验视、安检、提取区域以及智能快件箱放置区域的监控资料保存时间不得少于 90 日。[①]

此外，在寄递全过程中，也要求所有从业人员的作业流程做到标准化，例如 100% 开箱验视，需要通过技术手段实现全过程可视化，从开箱——验视——封箱——贴面单，所有流程有视频记录。做到高标准严要求，共同维护快递行业安全。

维护快递行业的安全是每一个快递企业的职责，通过教育培训的方式使从业人员在整个寄递过程中做到标准化、规范化，从而为寄递的安全保驾护航。

---

① 《邮政业寄递安全监督管理办法》第二十一条

第二节　作业管理

2.1　收寄

(1) 快递企业应当提供电话、互联网等多种方式接收寄件人的寄件要求。接单时,客服人员应当记录寄件人姓名、取件地址、联系方式、快递种类、快件品名、快件寄达地等相关信息,并和寄件人约定取件时间。

快递企业在接单后,宜在2小时内取件;取件后,宜在3小时内将快件送交快递营业场所。上门收寄时,要保证已收取快件的安全,严禁将已收取快件单独放置在无人保管的地方。

(2) 快递企业应当建立并执行快件收寄验视制度。对寄件人交寄的信件,必要时快递企业可要求寄件人开拆,进行验视,但不得检查信件内容。寄件人拒绝开拆的,快递企业不予收寄。

对信件以外的快件,快递企业收寄时应当场验视内件,检查是否属于国家禁止或限制寄递的物品。寄件人拒绝验视的,不予收寄。

快递企业在收寄相关物品时,依照国家规定需要寄件人出具书面证明的,应当要求寄件人出示证明原件,核对无误后,方可收寄。经验视,快递企业仍不能确定安全性的存疑物品,应当要求寄件人出具身份证明及相关部门的物品安全证明,核对无误后,方可收寄。收寄已出具相关证明的物品时,应当以纸质或电子文档形式如实记录收寄物品的名称、规格、数量、收寄时间、寄件人和收件人名址等信息,记录保存期限应当不少于1年。

验视时,如发现法律、法规规定禁寄物品,快递企业应当拒收并向寄件人说明原因。如发现各种反动报刊、书籍、淫秽物品、毒品及其他危险品,应当及时通知国家有关部门处理,并及时报告当地邮政管理部门;发现限寄物品,应当告知寄件人处理方法。

(3) 寄件人填写快递运单前,快递企业应当提醒寄件人阅读快递业务合同条款。快递企业应当提示寄件人如实填写快递运单,包括寄件人、收件人名址、电话等联系方式和寄递物品的名称、类别、数量等,并核对有关信息填写完整后,准确标注快件的重量。

国务院邮政管理部门规定寄件人出具身份证明(证件)的,快递企业应当要求寄件人出示有效身份证件。寄件人拒不如实填写快递运单、拒不按照规定出示有效身份证件的,快递企业不予收寄。

寄件人应当按照相关要求填写快递运单,以确保字迹清楚、工整,运单各联字迹都应能清晰辨认;内件品名、种类、数量等信息填写准确;寄件人姓名、地址、联系方式,收件人姓名、地址、联系方式等内容填写完整;在确认阅读合同条款处签字。快递运单填写完成后,应当牢固粘贴在快件外包装上,保持快递运单完整性。

图 4-2　快递实名制

2.2 处理

快件处理,包括快件分拣、封发两个主要环节,是快件流程中贯通上下环节的枢纽,在整个快件传递过程中发挥着十分重要的作用。

图 4-3

(1)快递企业应当加强对分拣场地的管理,严格执行通信保密规定,制定管理细则,严禁无关人员进出场地,实行封闭式作业,禁止从业人员私拆、隐匿、毁弃、窃取快件,确保快件的安全。对快件的分拣作业应当在视频监控之下进行。

(2)快递企业在分拣前,应当对分拣场地和分拣设备进行检查,确保分拣场地整洁,无灰尘、无油污、不潮湿;分拣设施设备工作正常。

(3)快递企业应当根据车辆到达的先后顺序、快件参加中转的紧急程度,安排到达车辆的卸载次序;卸载完成后,应检查车厢各角落,确保无快件遗漏在车厢内。

(4)快递企业在分拣前,应当对快件总包进行开拆,开拆前应当检查总包封条是否牢固,袋身有无破损,开拆后应当核对总包内快件数量是否与总包袋牌或内附清单标注的数量一致。对每一件快件,应当检查外包装是否完整,快递运单有无缺失,并确认是否属于发件范围。

(5)分拣过程中发现问题快件,应当及时做好记录并妥善处理;对破损快件应当在确认重量与快递运单书写信息无误后进行加固处理。

发现禁寄物品,应当立即停止寄递,对各种反动报刊、书籍、淫秽物品、毒品及其他危险品,应当及时通知国家有关部门处理,并及时报告当地邮政管理部门。

2.3 运输

(1)快件运输应当符合国家有关部门对运输管理的规定,严格遵守相关法律法规和规章。

快递企业应当对快件运输进行统一规划和调度,制定科学的路由,并严格执行,确保快件快速运输,防止积压和滞留。

(2)在快件运输的装载和卸载环节,应对快件轻拿轻放,不得对快件进行猛拉、拖拽、抛扔等破坏性动作,确保快件不受损坏。要核对快件数量,如发现异常快件,及时记录,并注明处理情况。

(3)所有干线运输车辆宜实行双人派押,宜安装全球定位系统终端。对运输车辆要进行日常维护和定期保养,在车辆出发前,应当进行必要的车辆安全检查,保证车况良好。

公路运输途中,如车辆发生故障,运输人员不得擅自离开现场和打开后车厢门。故障车辆装载的快件应当由快递企业及时妥善处理。如租用社会车辆进行运输,快递企业应与承运单位签署安全保障服务合同,并对车辆加装必要的监控设备。

(4) 所有航空快件在交付运输前,应当进行 X 光机检查。在航空快件的交运和提件时,应当认真核对快件数量和重量,保存好相关交接单据。

2.4 投递

(1) 快递企业应当对快件提供至少 2 次免费投递。每日 15 时以前到达投递网点的快件,宜在当日完成首次投递;每日 15 时以后到达投递网点的快件,宜在次日 12 时以前完成首次投递。

图 4-4 投递

(2) 收派员将快件交给收件人时,应当告知收件人当面验收快件。快件外包装完好,由收件人签字确认。如果外包装出现明显破损等异常情况的,收派员应当告知收件人先验收内件再签收,快递企业与寄件人另有约定的除外。

对于网络购物、代收货款以及与客户有特殊约定的其他快件,快递企业应当按照国家有关规定,与寄件人(商家)签订合同,明确快递企业与寄件人(商家)在快件投递时验收环节的权利义务关系,并提供符合合同要求的验收服务;寄件人(商家)应当将验收的具体程序等要求以适当的方式告知收件人,快递企业在投递时也可予以提示;验收无异议后,由收件人签字确认。国家主管部门对快件验收另有规定的,从其规定。

(3) 收件人本人无法签收时,经收件人(寄件人)委托,可由其委托的代收人签收。代收时,收派员应当核实代收人身份,并告知代收人代收责任。

(4) 在验收过程中,若发现快件损坏等异常情况,收派员应当在快递运单上注明情况,并由收件人(代收人)和收派员共同签字;收件人(代收人)拒绝签字的,收派员应当予以注明。若联系不到收件人,或收件人拒收快件,快递企业应当在彻底延误时限到达之前联系寄件人,协商处理办法和有关费用。

2.5 信息记录

(1)快递企业应当加强快件寄递过程中业务信息的规范管理,使用计算机应用系统,对各生产环节、场地部位的快件处理进行信息记录。要及时完整地采集信息,满足信息存储和查询的需要。

(2)快递企业应当对以下快件寄递信息进行记录,包括:收寄、进入出口分拣处理场所、封发、离开出口分拣处理场所、运输、到达进口分拣处理场所、分拣、离开进口分拣处理场所、到达投递网点、初次投递、用户签收等的时间和相关情况。

(3)快递企业应当提供覆盖服务范围的快件即时查询服务,快件查询信息保持动态更新。相关信息记录的电子档案保存期限不应少于2年。

第二章　教育培训

安全教育培训是企业贯彻"安全第一、预防为主、综合治理"的安全生产方针和实现安全生产管理工作规范化、程序化、科学化最重要的基础工作。安全教育培训能规范企业安全生产教育培训管理,提高广大员工安全知识水平和实际操作技能,需保证安全教育培训工作有序进行。

快递企业需要根据《安全生产法》《安全生产培训管理办法》《生产经营单位安全培训规定》等相关的法律法规要求制定企业的安全教育培训制度。

快递企业的安全教育培训是确保安全生产的基础。下面以某快递企业的安全培训制度为例。

(一) 从业人员岗位安全技能培训

(1) 总则

① 快递企业每年结合各职能部门实际制定安全培训和教育学习计划。

② 安全生产领导组全体成员和相关的从业人员须参加安全培训和教育学习,参加人员实行签到制度,请假人员必须补课。

(2) 新员工培训

新员工在上岗前必须经过公司、部门、班组三级安全教育培训,使其熟悉有关的安全生产规章制度和安全操作规程,并确认其能力符合岗位要求。

培训内容如下:

① 公司级岗前安全教育培训

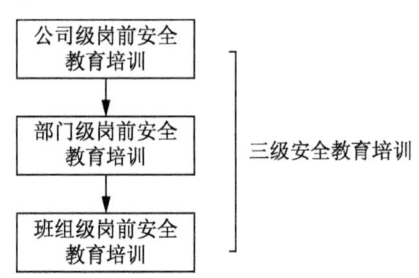

图 4-5　三级安全教育培训

企业安全生产情况及安全生产基本知识、本单位安全生产规章制度和劳动纪律、从业人员安全生产权利和义务、有关事故案例等。

② 部门级岗前安全教育培训

内容应当包括:工作环境及危险因素、所从事工种可能遭受的职业伤害和伤亡事故、所从事工种的安全职责、操作技能及强制性标准、自救互救、急救方法、疏散和现场紧急情况的处理、安全设备设施、个人防护用品的使用和维护、本部门安全生产状况及规章制度、预防事故和职业危害的措施及应注意的安全事项、有关事故案例、其他需要培训的内容。

③ 班组级岗前安全教育培训

内容应当包括：岗位安全操作规程、岗位之间工作衔接配合的安全与职业卫生事项、有关事故案例、其他需要培训的内容。

企业新职工应按规定通过三级安全教育培训并经考核合格，跟班半年以上，方可领取安全作业证，独立操作。

生产经营单位新上岗的从业人员，岗前培训时间不得少于72学时。

员工在本单位内调整工作岗位或离岗六个月以上重新上岗时，应当重新接受部门和班组级的安全培训。

(3) 临时工安全教育培训

① 按照"谁使用，谁负责"的原则，企业使用的外来人员、临时工、农民工等均由使用单位管理部备案。

② 各部门临时用工超过5日的，按岗位全日制用工培训要求进行三级培训。临时用工不超过5日的在进行三级培训时，可适当缩短培训时间，培训内容应重点针对安全。

③ 对从事特种作业的项目，无证人员一律不得使用。

(4) 外来人员的安全教育培训

① 凡外单位来企业承包工程，检修检测的人员必须经生产管理部审查其资质。

② 生产管理部应对外来施工人员进行安全教育，并签订《外来施工单位安全环保协议》，培训中应告知其本企业的安全管理制度及有关的各项安全规定。

(5) 日常教育

① 企业确立终身教育的观念和全员培训的目标，对在岗的从业人员应进行经常性安全生产教育培训。各级领导和各部门要对职工进行经常性的安全思想、职业安全卫生技术和遵章守纪教育，增强职工的安全意识和法制观念。

② 各单位要不断提高职工安全知识。经常利用安全简报、黑板报等各种形式广泛地对职工进行安全教育，提高全员安全素质。

③ 各级人员都要参加日常安全学习,参加有关考核,成绩记录备案。

(二) 从业人员职业健康防护培训

快递企业需要加强职业健康安全宣传教育,增强职工职业健康安全意识,普及职工职业健康安全技术知识,增强职工自我防护能力,对从业人员进行职业健康防护培训。

(1) 公司教育

① 讲国家、省市县的劳动保护职业健康安全生产的方针、政策。

② 讲公司职业健康安全管理规章制度,劳动、职业健康安全纪律,危险源辨识。

③ 讲"三不伤害",即:遵守操作规程不伤害自己,讲究职业道德不伤害他人,居安思危不被他人伤害。

④ 讲遵章守纪,反对违章指挥,反对违章操作。

(2) 部门教育

① 讲职业健康安全、安全防火等规章制度与奖惩制度。

② 讲安全技术操作规程、职业健康安全、劳动纪律。

(3) 班组教育

① 讲各工序、设备的职业健康安全技术操作规程、职业健康安全、劳动纪律。

② 讲生产作业现场应注意的危险源,预防事故发生的措施。

③ 讲使用生产工具(设备的性能、用途和构造,使用的基本方法)。

④ 讲劳保用品的使用与保管,爱护和保管生产工具(设备)和施工现场各种防护设施,职业健康安全标志。

第三章　微剂量 X 射线安全检查设备安全操作规程

（一）X 光机操作前的准备

1. 现场操作

① 现场进行 X 射线相关操作时，应设置安全线，确定"控制区"及"管理区"，并设明显警告标志。

② 操作人员应佩带个人剂量器。

2. 通电前的准备

① 新购 X 光机或首次上机操作者，先阅读设备使用说明书，并正确使用 X 光机的操作和维护设备。

② 检查使用电源和设备标称电压是否相符。

③ 检查气绝缘 X 光机的气压是否符合要求。

④ 将电源线、高压电缆线插头分别和控制箱、高压发生器及冷却系统牢固连接，保证接触良好。

3. 通电后检查

① 通电源后，控制箱面板上电源指示灯亮。

② 检查冷却系统工作情况（气绝缘机的机头风扇运转是否正常）。

4. 曝光控制

① 首先检查"门—机"联锁装置，工作门上方设置警示灯，正常后方可按下"高压开"按钮。

② 曝光过程中发现异常，按下"高压断"按钮，切断高压分析原因后，方可考虑继续进行曝光。

③ 曝光结束后，气绝缘机蜂鸣器响时，"KV"自动回零，红色指示灯灭，高压切断，曝光时间旋钮复位。

（二）X 光机的操作

1. 接地可靠

使用 X 射线机时,控制箱和高压发生器都必须可靠接地。

① 携带式 X 光机采用一根 φ10X300 接地金属棒,打入地下 250 mm 深土中。

② 稳动式 X 光机一般采用固定接地。

2. 检查电源

电源电压应符合 X 光机说明书中规定标称值,其波动值不超过额定值±10%。必要时,可加调压器式稳定电源,保证 X 光机正常工作。

3. 提前预热

X 光机接通高压前,灯丝要提前预热 2 分钟以上,以延长 X 射线管寿命。

4. 冷却和休息

① X 光机在工作过程中要可靠冷却,气绝缘机要检查机头上的冷却风扇运转情况是否正常,保证 X 射线完全充分冷却,防止过热,避免缩短 X 射线管寿命。

② X 光机一般要求工作和休息时间为 1∶1。

（三）辐射工作岗位职责

为了保证放射源的安全,保护放射源周围环境不被辐射污染,保护操作人员及患者的安全,特制订本岗位职责。

1. 从事放射性工作人员必须严格遵守并执行《中华人民共和国放射性污染防治法》和《放射性同位素与射线装置安全和防护条例》。

2. 从事放射性工作人员必须经过放射性基础知识、辐射安全防护培训,取得上级主管部门颁发的"辐射工作人员上岗证"方可上岗。

3. 新上岗或转岗人员必须经过健康体检合格,并取得"辐射安全与防护培训合格证书"方可上岗。严禁未培训人员在放射性岗位工作。

4. 操作时必须佩带个人剂量器。

5. 放射源室周围设立明显的电离辐射标志牌,并画出安全线,严禁非操作人员靠近安全线。

6. 操作人员要严格按照操作规程进行操作,严禁非法操作。

7. 发生事故立即上报领导,并采取有效措施,不得拖延或隐瞒不报。

8. 时常保持放射室环境整洁干净。

（四）辐射防护和安全保卫制度

1. 使用 X 光机的人员必须经过岗前体检，并经过辐射安全防护培训，持证上岗。

2. 操作人员应佩带个人剂量器，建立个人剂量档案，并定期进行身体检查。

3. X 光机设专人管理，无证人员不得操作。

4. 做好辐射安全防护工作。

（五）人员培训计划

1. 按照国家规定，上岗前进行相关培训并取得上岗证。

2. 针对实际操作过程中发生的问题及时整改、分析和学习。

（六）辐射事故应急措施

1. 发生事故应立即切断电源。

2. 对受伤人员立即进行救治。

3. 成立事故处理小组，对事故进行分析处理。

（七）辐射环境及个人剂量监测方案

1. X 光机操作人员必须佩带个人剂量器才能进行 X 光机的操作，以检测操作人员受到的辐射剂量。

2. X 光室及周围定期委托环保部门监督检测。

（八）X 光机检修维护制度

1. 操作人员在每天使用 X 光机前应进行设备检查。

2. 设备出现故障要及时上报并停止使用。

3. 设备出现故障应请专业人员或设备生产厂家进行维修。

附录

附录一　禁止寄递物品指导目录

一、枪支(含仿制品、主要零部件)弹药

1. 枪支(含仿制品、主要零部件):如手枪、步枪、冲锋枪、防暴枪、气枪、猎枪、运动枪、麻醉注射枪、钢珠枪、催泪枪等。

2. 弹药(含仿制品):如子弹、炸弹、手榴弹、火箭弹、照明弹、燃烧弹、烟幕(雾)弹、信号弹、催泪弹、毒气弹、地雷、手雷、炮弹、火药等。

二、管制器具

1. 管制刀具:如匕首、三棱刮刀、带有自锁装置的弹簧刀(跳刀)、其他相类似的单刃、双刃、三棱尖刀等。

2. 其他:如弩、催泪器、催泪枪、电击器等。

三、爆炸物品

1. 爆破器材:如炸药、雷管、导火索、导爆索、爆破剂等。

2. 烟花爆竹:如烟花、鞭炮、摔炮、拉炮、砸炮、彩药弹等烟花爆竹及黑火药、烟火药、发令纸、引火线等。

3. 其他:如推进剂、发射药、硝化棉、电点火头等。

四、压缩和液化气体及其容器

1. 易燃气体:如氢气、甲烷、乙烷、丁烷、天然气、液化石油气、乙烯、丙烯、乙炔、打火机等。

2. 有毒气体:如一氧化碳、一氧化氮、氯气等。

3. 易爆或者窒息、助燃气体:如压缩氧气、氮气、氦气、氖气、气雾剂等。

五、易燃液体

如汽油、柴油、煤油、桐油、丙酮、乙醚、油漆、生漆、苯、酒精、松香油等。

六、易燃固体、自燃物质、遇水易燃物质

1. 易燃固体:如红磷、硫磺、铝粉、闪光粉、固体酒精、火柴、活性炭等。

2. 自燃物质:如黄磷、白磷、硝化纤维(含胶片)、钛粉等。

3. 遇水易燃物质：如金属钠、钾、锂、锌粉、镁粉、碳化钙(电石)、氰化钠、氰化钾等。

七、氧化剂和过氧化物

如高锰酸盐、高氯酸盐、氧化氢、过氧化钠、过氧化钾、过氧化铅、氯酸盐、溴酸盐、硝酸盐、双氧水(过氧化氢)等。

八、毒性物质

如砷、砒霜、汞化物、铊化物、氰化物、硒粉、苯酚、汞、剧毒农药等。

九、生化制品及传染性、感染性物质

如病菌、炭疽、寄生虫、排泄物、医疗废弃物、尸骨、动物器官、肢体、未经硝制的兽皮、未经药制的兽骨等。

十、放射性物质

如铀、钴、镭、钚等。

十一、腐蚀性物质

如硫酸、硝酸、盐酸、蓄电池、氢氧化钠、氢氧化钾等。

十二、毒品及吸毒工具、非正当用途麻醉药品和精神药品、非正当用途的易制毒化学品

1. 毒品、麻醉药品和精神药品：如鸦片(包括罂粟壳、花、苞、叶)、吗啡、海洛因、可卡因、大麻、甲基苯丙胺(冰毒)、氯胺酮、甲卡西酮、苯丙胺、安钠咖等。

2. 易制毒化学品：如胡椒醛、黄樟素、黄樟油、麻黄素、伪麻黄素、羟亚胺、邻酮、苯乙酸、溴代苯丙酮、醋酸酐、甲苯、丙酮等。

3. 吸毒工具：如冰壶等。

十三、非法出版物、印刷品、音像制品等宣传品

如含有反动、煽动民族仇恨、破坏国家统一、破坏社会稳定、宣扬邪教、宗教极端思想、淫秽等内容的图书、刊物、图片、照片、音像制品等。

十四、间谍专用器材

如暗藏式窃听器材、窃照器材、突发式收发报机、一次性密码本、密写工具、用于获取情报的电子监听和截收器材等。

十五、非法伪造物品

如伪造或者变造的货币、证件、公章等。

十六、侵犯知识产权和假冒伪劣物品

1. 侵犯知识产权：如侵犯专利权、商标权、著作权的图书、音像制品等。

2. 假冒伪劣：如假冒伪劣的食品、药品、儿童用品、电子产品、化妆品、纺织品等。

十七、濒危野生动物及其制品

如象牙、虎骨、犀牛角及其制品等。

十八、禁止进出境物品

如有碍人畜健康的、来自疫区的以及其他能传播疾病的食品、药品或者其他物品；内容涉及国家秘密的文件、资料及其他物品。

十九、其他物品

《危险化学品目录》《民用爆炸物品品名表》《易制爆危险化学品名录》《易制毒化学品的分类和品种目录》《中华人民共和国禁止进出境物品表》载明的物品和《人间传染的病原微生物名录》载明的第一、二类病原微生物等，以及法律、行政法规、国务院和国务院有关部门规定禁止寄递的其他物品。部分禁止寄递物品如下图所示。

各类武器、弹药	各类易爆炸性物品	各类易燃烧性物品	各类易腐蚀性物品	各类放射性元素及容器
各类烈性毒药	各类麻醉药物	生化制品和传染性物品	淫秽的出版物等	妨害公共卫生的物品
禁止流通、寄递	包装不妥，可能危害	国际禁止寄递物品		

禁止寄递物品

附录二　事故案例

案例1:8.14某快递包裹爆炸事件

2011年8月14日18时许,某省某市市中心区域的某一快递公司邮包发生爆炸事件,造成两人受伤,目前警方正在全力展开调查侦破。

据了解,发生爆炸的快递公司为上海某物流有限公司杭州某分公司,位于一幢居民楼一楼。现场目击者称,爆炸发生在18时多一点,当时快递公司正在进行邮包分拣,突然快递公司内发出巨响,并冒出很浓的白烟,公司内有两人被炸伤。事故现场如图所示:

从监控中可以看到,14日早上大约8时许,有一男子来到这家快递公司邮寄一个小盒子的邮件,这名男子放下邮件,进行了简单的填写后随即离开。他走得很匆忙,盒子里装了什么,工作人员也没有细问,不过包裹收件人所在地是广州。但寄件人这一栏,并没有留下有效的联系方式和地址。

事故原因:
(1) 快递企业安全管理主体责任没有落实,未严格按照相关规定进行收寄。
(2) 收寄时未对快递包裹进行开箱验货。

(3) 未对寄件人要求实名收寄。

(4) 未对快递包裹进行过机安检。

案例 2：邮包爆炸案

2012 年 2 月 6 日元宵节上午 9 时许,郑×东从番禺区乘车到白云区广园中路某快递公司收件点,用"王×鹏"的假名,以邮寄法国香水的名义交寄该爆炸物,并留下李×珂购车并进行日常保养的 4S 店电话以混淆视听。快递员摇了摇包裹,听到液体晃动的声音,便收了件。当天下午 5 时许,在电话征得李×珂同意后,快递员将"4S 店的礼物"放在李的出租屋门口。晚 8 时许,李×珂在客厅拆封时,邮件发生爆炸,李的头面部、双手、胸腹部、右大腿等多处被炸伤。经法医鉴定,李×珂双眼盲目,面部形成疤痕,损伤程度已构成重伤,并评定为三级、五级伤残各一项。寄出"香水"的第二天,郑×东照常上班,直到在网上看到李×珂收到炸弹后被炸致重伤的消息。2 月 8 日凌晨 2 时,警方在化龙镇的出租屋将郑×东抓获。

××中院作出一审判决,郑×东因犯故意伤害罪,被判处无期徒刑,剥夺政治权利终身。附带民事诉讼方面,郑×东的故意伤害行为及某快递公司的过失行为给李×珂造成伤害,应当赔偿被害人 114.6 万元。郑×东是造成本案损害结果的主要责任人,应承担 70% 的赔偿责任,约 80 万元；某快递公司未能尽到检视义务,是造成本案损害结果的次要责任人,应承担 30% 的赔偿责任,约 34 万元。

事故间接原因:

(1) 快递企业安全管理主体责任没有落实,未严格按照相关规定进行收寄。

(2) 快递公司员工未严格执行收件验视制度,疏于验视的过失行为。

案例 3：快递包裹漏毒案

2015 年 8 月 14 日早晨,某快递某网点的一名快递员分拣一个塑料袋包裹时,该包裹向外流出不明液体,该快递员闻了之后,瞬间头晕恶心,随后被送往医院,该网点 20 多名员工到医院检查。经查,不明液体为名为异氰基乙酸甲酯的化工产品。事故现场如图所示:

事故原因:
(1) 快递企业安全管理主体责任没有落实,未严格按照相关规定进行收寄。
(2) 收寄时未对快递包裹进行开箱验货。
(3) 未对禁止寄递物品有明确认识。

案例 4:夺命快递事件

2016 年 11 月 27 日,荆门市某化工有限公司通过沙洋某物流有限公司,为山东省潍坊市某制药厂寄氟乙酸甲酯样品。该邮件从湖北沙洋发往山东省潍坊市。邮件在运输途中发生泄漏,污染了同批快递,导致一人死亡,数人中毒。

据悉,寄件的荆门某化工厂精细化工分厂负责人杨某昨天已被山东警方刑事拘留。某化工有限公司副总黄某告诉记者,这已经是该厂第三次向山东某医药公司寄送样品。

事件:11 月 29 日,家住山东东营某镇居民刘×亮在收到网购的一双鞋子几小时后出现了呕吐、腹痛等症状,抢救无效死亡。据医院诊断,刘先生死于有毒化学液体氟乙酸甲酯中毒。

据悉,快递公司 5 名工作人员出现不同程度的中毒症状后,公司没有按照有关规定和程序向当地邮政管理部门报告,而是自行对疑似污染快件进行了隔离,并于11月29日10时左右将同一车次的其他快件先后投出。直到11月30日12时20分,公司才报告潍坊市邮政管理局。

12月20日,山东省邮政管理局召开新闻发布会并透露,此次泄漏的化学品为氟乙酸甲酯,是一种在制药领域广泛应用的有毒液体。邮寄过程中外包装破损,致使液体泄漏。

目前,据湖北省邮政管理局通报,收寄快件的某物流有限公司由于收寄验视不规范,将被依法吊销快递业务经营许可证。

事故原因:

(1)快递企业安全管理主体责任没有落实,未严格按照相关规定进行收寄。氟乙酸甲酯明显是有毒物品,某物流公司未对此进行详细的询问与验视。

(2)企业存在延报,未按照规定及时上报相关单位。